KB116155

사례개념화 기반 개인상담의 실제

이명우 교수의 이끔(ICCM-X) 사례개념화 모형으로
사례개념화 고수에 도전하다

이명우 저

학지사

'내담자는 어째서
거의 비슷하거나 같은 문제를 반복해서 경험하는 걸까?'

그 이유를 찾기 위해
머리에서 작은 단서의 조각들을 연결하기 시작하고
그렇게 해서 찾아낸 내담자의 마음의 이유가
가슴에 선명히 울림으로 전달되고
종국에는 무의식적 체계까지 자동으로 받아들여져
온몸으로 그 울림이 생생하게 느껴지고
더 이상 내담자를 뜯어고치고 싶은 마음이 없어질 때
그리고 내담자가 문제를 겪으면서 살아가는 순간순간이 대단하게 보일 때
비로소 상담실무자의 임상적 물음에 대한 실천적 답이 완성된다.

 "사례개념화는 괜찮은데 그 개념화대로 실제 상담을 해 봐도 상
담의 효율성이 높아지는 것 같지는 않던데요." "사례발표나 슈퍼비
전을 받을 때 전문가스럽게 보이면 됐죠, 뭘 더 해야 하나요?" 상담
현장에서 이런 식의 말들이 자주 들린다.

3

만약 사례개념화가 내담자의 문제를 깊게 이해하는 데 도움이 되지 않는다면 그리고 매 회기에 초점을 두어야 할 상담개입에 실제적인 도움이 되지 않는다면, 이는 상담실무자가 사례개념화를 이해하는 데 문제가 있는 것이다. 이 책에서는 상담실무자가 실제 상담에서 사례개념화를 기반으로 상담의 효율성을 높이기 위해 상담의 각 단계, 즉 접수면접, 초기단계, 중기단계, 종결단계별로 정확한 사례개념화를 바탕으로 어떻게 해야 상담을 효율적으로 진행할 수 있는지 구체적인 사례를 통해 제시하였다. 서너 줄의 정보로 세워진 초기의 사례개념화가 접수면접을 통해 어떻게 구체화되고 보완되면서 초기/중기/종결의 각 상담단계별로 접목되는지 궁금한 상담실무자에게 부족하나마 이 책이 도움이 되기를 바란다.

끝으로 책을 집필할 수 있도록 적극적인 지원을 해 주신 학지사의 김진환 사장님과 영업부 한승희 부장님, 그리고 편집부의 박지영 선생님께 진심으로 감사드린다.

2020년 6월
저자 이명우

차례

01 가설은 안내자, 편견은 방해꾼

　대부분의 상담은 접수면접으로 시작된다. 그리고 통상적으로 접수면접은 그 상담기관의 최고 전문상담자가 하게 된다. 왜냐하면 접수면접은 내담자를 처음으로 만나 내담자의 호소문제/증상과 관련된 정보를 탐색하고, 내담자의 문제를 개념화한 후 해당 상담기관에서 내담자에게 필요한 상담 서비스를 제공할 수 있는지 확인하고, 향후 상담기관 내부의 상담 서비스가 원활히 제공될 수 있도록 안내하는 역할을 하기 때문이다. 물론 이때 내부의 인테이크 콘퍼런스를 통해 해당 상담기관이 내담자에게 적합한 상담 서비스를 제공하는 데 한계가 있다고 판단되면 외부 전문기관과 협력할 것을 결정하기도 하고, 아예 다른 상담기관의 서비스를 받을 수 있도록 의뢰하기도 한다. 만약 상담기관에 이런 시스템이 없거나 홀로 상담실을 운영하는 경우라면, 상담자는 첫 면접 또는 초기 면접에서 이런 접수면접의 기능을 수행해야 한다.

　지금부터 개인상담의 실제[1]를 접수면접부터 시작해 종결에 이르기까지 자세히 소개하고자 한다.

---

1) 이 개인상담사례는 필자의 오랜 상담 경험을 바탕으로 구성한 가상사례임. 필자가 상담자가 되어 통합적 사례개념화 모형(ICCM-X)으로 접수면접/초기/중기/종결 단계를 어떻게 진행하는지 구체화한 것임.

- 의뢰 내담자의 인적사항: 황우찬(가명, 고2, 남)
- 어머니의 전화접수 호소내용: 아들이 인터넷게임에 푹 빠져 있다. 요즘 에는 ○○○인가 뭔가 하는 게임에 꽂혀서 거의 매일 새벽 3시까지 한 다. 아침에는 제시간에 일어나지 못해서 벌써 여러 번 학교에 지각했 고, 이 일로 어머니와 자주 말다툼을 한다. 최근에는 학교에 가지 않겠 다고 한다. 어렸을 때는 말 잘 듣는 착한 아이였는데, 중학교에 들어가 면서 달라지기 시작하더니 다른 아이들과 자주 싸운다. 이젠 감당하기 힘들다.

어느 날 오전 필자는 접수면접을 하기 위해 〈표 1〉과 같이 전날 전화로 접수된 황우찬의 상담신청 내용을 살펴보며 생각에 잠겼 다. 상담자로서 접수면접을 준비할 때 필자는 늘 전날 전화로 접수 신청이 된 내용을 곰곰이 곱씹어 본다.

학생이 학기 중 오전 시간에, 그것도 보호자와 함께 온다는 사실 만으로도 여러 가지 임상적 가설을 세울 수 있는데, 필자는 전화접 수 내용을 보면서 스쳐 지나가듯 [그림 1]과 같은 가설을 세웠다.

개략적으로 보면, 황우찬은 호소문제로 학교적응 문제(학교에 가 지 않겠다, 여러 번 학교에 지각했다), 게임 과다사용 문제(인터넷게임 에 푹 빠져 있다), 관계 문제(다른 아이들과 자주 싸운다, 어머니와 자 주 말다툼을 한다) 등이 표면적으로 드러났고, 그 외에 정서 문제(특 히 분노)도 탐색이 필요할 것으로 보였다. 물론 내담자인 황우찬은 예상되는 모든 문제 또는 증상을 말로 표현하지는 않을 것이다. 따 라서 접수면접 또는 상담 초기에 내담자가 충분히 동기화되어 자 신의 아픔과 고민을 토로할 수 있도록 해야 할 것이다.

촉발요인   호소문제
(마음에 들지 않는 상황 전개)   "학교에 가지 않겠다."
                                          "여러 번 학교에 지각했고"
                                          "인터넷게임에 푹 빠져 있다."
                                          "다른 아이들과 자주 싸운다."
                                          "어머니와 자주 말다툼을 한다."

부적응적 패턴
공격(화와 불만을 노골적으로 드러냄)

유발요인
"어렸을 때는 말 잘 듣는 착한 아이였다."

^

^

"중학교에 들어가면서 달라지기 시작하더니 다른 아이들과 자주 싸운다."

마이너스(-) 유지요인   플러스(+) 유지요인

(주요 타자의 무관심/거부/폭력)   (희망과 낙관)
"이젠 감당하기 힘들다."   (성취 경험과 재미)
"학교로부터 상담을 받으라는 권고"   (주요 타자의 간헐적 관심과 인정)

* 내담자 또는 보호자의 언어적/비언어적 보고에서는 해당 증거를 찾을 수 없으나 상담자의 이
  론과 임상 경험으로 유추한 유력한 가설의 경우 괄호 속에 넣어 표시하는 것이 좋음.

[그림 1] 황우찬의 사례개념화 밑그림

그리고 이와 같은 호소문제 또는 증상이 빈번히 일어나도록 하는 상황이나 조건인 촉발요인은 '내담자의 마음에 들지 않는 상황이 펼쳐지는 것'으로 예상하였다. 이를 다시 촉발요인-호소문제 관계의 맥락에서 살펴보면, '내담자의 마음에 들지 않는 상황이 펼쳐지면'(촉발요인) '학교에 가지 않겠다, 인터넷게임에 푹 빠져 있다, 다른 아이들과 자주 싸운다, 어머니와 자주 말다툼을 한다'(호소문제)는 것이 빈번히 일어나고 또 그 정도도 점점 심해질 것으로 짐작된다. 그리고 이것은 결국 '공격'(화와 불만을 노골적으로 드러냄)이라는 부적응적 패턴으로 나타나게 될 것이다. 따라서 필자는 필자가 세운 가설대로 내담자가 '마음에 들지 않는' 비슷한 상황이나 조건에 처하면(촉발요인) 학교적응 문제, 게임 과다사용 문제, 관계 문제(호소문제)와 같은 특정 증상을 빈번히 경험하는지, 그리고 그에 반응하는 형태는 반복적으로 공격(부적응적 패턴)으로 나타나는지 확인할 필요가 있다.

그다음의 생각은 이 부적응적 패턴을 중심으로 비교적 입체적으로 이루어졌다. 일단 내담자의 이런 부적응적 패턴이 확인되면, 그것이 언제부터 시작되어 내담자의 마음속에 자리 잡게 되었는지 탐색할 것이다. 전화접수 내용 중 "중학교에 들어가면서 달라지기 시작하더니 다른 아이들과 자주 싸운다."(유발요인)와 관련된 에피소드로 인해 '잠자코 있지 않고 화가 나 있음을 드러내는' 공격적 패턴이 생겼을 것으로 유추할 수 있다. 그리고 "어렸을 때는 말 잘 듣는 착한 아이였다."와 관련된 에피소드를 탐색해 보면, 내담자는 어릴 때부터 공격적인 패턴을 보이기보다는 어릴 때에는 '자신의 욕구를 누르고 참거나 또는 다른 사람의 마음에 들려고 애썼던' 것으로 보인다. 이렇게 살아왔던 내담자가 유발요인의 에피소드(중학교에 들어가면서 달라지기 시작하더니 다른 아이들과 자주 싸운다)를 계기로 주변 사람과 세상을 대하는 나름의 방식을 바꿀 수밖에 없었던 이유가 있을 것이므로, 상담자인 필자는 겉으로 보이지 않는 그 마음이 어떤 것인지 들으려고 노력해야 한다.

또한 내담자에게 유발요인을 계기로 생긴 '잠자코 있지 않고 화가 나 있음을 드러내는' 공격적인 마음이 비슷한 상황이 전개될 때마다 반복적으로 그리고 지속적으로 부적응적 패턴으로 나타난다면, 그런 공격적인 마음이 내담자가 자신의 삶을 살아내는 데 나름대로 도움이 되었고 따라서 그것을 자연스럽게 체득했을 것으로 예상할 수 있다(마이너스 유지요인). 예컨대 "이젠 감당하기 힘들다."와 관련된 에피소드를 탐색해 보면 내담자가 부모와의 갈등을 점점 더 크게 겪으면서 이렇게 싹튼 공격적인 마음이 자리 잡았을 것으로 예상된다. 또 "학교로부터 상담을 받으라는 권고"와 관련된 에피소드를 탐색해 보면 점점 학교 선생님과 친구들과의 사이가 안 좋아짐에 따라 그때까지 내담자 안에 '싹트고 자리 잡은' 공격적인 마음이 어느새 일상적으로 드러나고 있음을 발견할 수 있을 것이다. 이렇게 상담자인 필자가 세운 가설대로 내담자를 탐색하다 보면 어느 시점에 이르러 필자는 "아하, 그래서 네 마음속에 '이제 잠자코 있지 않고 화가 나 있음을 드러내야겠어.' 하는 공격적인 마음이 자리 잡았구나." 하고 내담자를 이해하는 수준에 다다르게 된다.

이렇게 내담자를 거의 100% 가까이 이해하는 단계에 도달하면, 상담자는 그렇게 화를 쏟아내야만 했던 내담자의 마음 때문에 가슴이 먹먹해지게 된다. 그러면서 '왜 내담자는 특정 수준 이상으로 공격적인 마음을 나타내지 않을까?' 하는 의문이 들게 되고, 자연스럽게 내담자의 공격적인 마음이 어느 범위 이상으로는 벗어나지 않는다는 것을 알게 된다.

이 단계에서 필자는 내담자에게 질문을 할 것이다. "그런데 말이야 우찬아, 오늘도 보면 상담실에 도저히 안 올 것 같은데 너는 이곳 상담실에 왔어. 또 지각도 자주 하지만 그래도 꼬박꼬박 학교는 가. 친구들과 자주 싸우기도 해. 물론 친구들과 싸우는 것을 잘했다는 것은 아니야. 그렇지만 너는 일정 범위를 넘어갈 정도로 격하게 싸우지는 않아. 너한테는 어느 범위 이상의 선은 넘지 않는 너의 모습이 있어. 여러 힘든 일(마이너스 유지요인)을 겪다 보면 얼마든지 격하게 그 경계를 넘어설 것 같은데 어느 시점에서 그리고 어느 수준에서 그만두게 하는, 돌아서게 하는, 그 경계를 넘지 않게 하는 너의 마음은 무엇일까?" 이런 질문을 통해 진지한 태도로 내담자의 플러스 유지요인에 대해 궁금해하며, 상담자의 가설을 확인하는 과정을 밟을 것이다.

이렇게 필자가 상담자의 가설을 확인하는 과정을 설명하면 이를 단순히 상투적으로 내담자의 강점을 찾으라는 것으로 생각하는 상담자들이 있는데, 이것은 전혀 다른 이야기이다. 어떤 내담자든 오랫동안 부적응을 경험하는 내담자는 특정한 계기의 유발요인에 의해 시작되어 살아오는 동안 여러 마이너스 유지요인과 플러스 유지요인 간의 긴밀하고 치열한 밀고 당기기의 결과로 현재의 부적응적 패턴이 나타난 것이기 때문이다. 황우찬의 경우도 혹시나 그만의 '희망과 낙관'이 있어서 그것이 그를 다시 일어나게 하고 일정 수준 이상의 범위를 벗어나지 않도록 하는 것은 아닐까? 온통 짜증과 분노를 일으키는 경험뿐이라고 하지만 그 경험의 어느 한 구석에 '주요 타자의 간헐적 관심과 인정'이 있지는 않았을까? 언뜻 봐서는 전혀 없어 보이지만 자세히 들여다보면 뭔가를 해낸 '성취의 경험'과 말로 표현할 수 없는 묘한 '재미의 경험'이 있지 않았을까? 이런 플러스 유지요인이 있어서 마이너스 유지요인이 한없이 범위를 벗어나도록 부추기는 것을 멈추게 하지 않았을까? 그러므로 상담자는 진실되고 진지한 궁금함을 가지고 내담자의 플러스 유지요인을 탐색해야 한다.

필자가 상담을 할 때 내담자의 플러스 유지요인을 탐색해서 말해 주면, 내담자가 한동안 멍하게 있을 때가 많다. 내담자는 온통 주변의 어려운 일들, 즉 마이너스 유지요인에 둘러싸여 자신의 깊은 내면에서도 스스로를 무가치한 존재라고 인정하고 있었는데, 상담자가 그렇지 않음을 보여 주고 느끼게 해 주니 희미하게나마 자신의 긍정적인 모습을 보기 시작하면서 충격을 받기 때문이다. 내담자는 겉으로 표현을 하든 그렇지 않든 상담에 예민하게 임한다. 따라서 내담자가 왜 그런 행동을 하는지 상담자가 아직 완전히 이해하지 못했으면서도 그냥 상투적인 말로 이해하는 척 상담을 이어 가면, 내담자는 상담자가 하는 말이 마음이 담기지 않은 빈말임을 금방 알아챈다. 그렇게 되면 오히려 상담자가 내담자와 치료적 관계를 맺거나 유지하는 데 어려움이 생기므로, 상담자는 이 점을 주의해야 한다.

황우찬 어머니의 전화접수 초기 관련 정보를 통해 내담자 황우찬이 어떤 특정한 상황에서 반복적으로 드러내는 부적응적 패턴을 발견하고 나면 그 이후의 작업은 비교적 쉽다. 앞의 [그림 1]에서와 같이 '이제는 마음속에 가만히 담아 두지 않고 화가 나 있음을 드러내는' 공격적 패턴(부적응적 패턴)을 중심에 두고, 내담자가 매번 비슷한 상황이 되었을 때 반복적으로 그렇게 할 수밖에 없는 마음의 배경을 가설적으로 그려 보면 된다. 물론 이것은 가설이다. 가설은 상담자로 하여금 내담자가 그렇게 할 수밖에 없는 마음의 배경을 입체적으로 탐색해서, 보이는 의식 너머에 있는 보이지 않는 무의식적 고뇌까지 이해할 수 있도록 안내하는 역할을 한다.

일반적으로 내담자에 대한 정보가 많을수록 내담자에 대한 이해가 깊어진다고 생각하지만, 때로는 내담자에 대한 많은 정보, 내담자가 보여 주는 큰 몸짓과 목소리 때문에 오히려 내담자 문제의 본질을 놓치기 쉽다. 상담자인 우리는 내담자에 대한 정보가 아무리 적더라도 내담자에게 반복적으로 일어나는 패턴과 그것의 심각함 정도를 파악할 수 있다. 내담자에 대한 정보가 거의 없으면 상담자는 모든 감각을 동원해 내담자 문제의 본질과 직접적으로 관련이 있는 조각정보(단순정보)를 찾아내기 위해 애를 쓰기 때문이다. 내담자와 관련이 있는 여러 가지 단순정보에 주의를 집중해 보면, 그중에서 임상적으로 의미가 있는 핵심 단순정보를 발견할 수 있다. 이렇게 발견한 의미 있는 핵심 단순정보를 맥락적 정보로 전환해 보면 내담자 문제의 본질에 더 가까이 다가갈 수 있는데, 어떤 특정 상황이나 조건(촉발요인)이 되면 어떤 특정 행동이나 증상(호소 문제)이 빈번히 나타나는지 보이기 때문이다. 내담자의 문제가 심각할수록 그 빈도가 반복적으로 일어나고 그 정도 또한 심함을 발견할 수 있다.

황우찬의 경우 '이제 잠자코 있지 않고 화가 나 있음을 드러내야 겠다'는 공격적 마음에 어떤 유사한 상황이나 조건이 되면 반복적으로 부적응적 패턴을 보인다는 것을 가설로 세울 수 있다. 이런 가설을 세운 다음엔 이 부적응적 패턴이 언제쯤 시작되어(유발요인), 마이너스 유지요인과 플러스 유지요인을 통해 어떻게 마음속 깊이 자리 잡게 되었는지 그 배경정보에 초점을 두어야 한다. 여기까지는 내담자 문제에서 보이는 현상의 골격을 정리하는 것으로, 약간의 훈련을 받으면 누구나 쉽게 할 수 있다. 그러나 전문적인 상담을 하고 싶다면 여기에 하나가 더 필요한데, 그것은 바로 상담이론이다. 상담이론이 있어야 내담자도 여태까지 자신에게 있는지조차 알지 못해서 보여 줄 수 없었던 마음에 상담자가 비로소 한 걸음 더 다가갈 수 있기 때문이다.

상담이론은 크게 문제의 원인(why)과 그것에서 벗어날 수 있는 방법(how)으로 구성되어 있는데, 이는 매번 다양한 연구를 통해 지금 여기의 현상을 적절히 설명해 내고 있는지 점검해 가는 과정을 거친다. 따라서 포괄적으로 상담이론에는 이미 보편적으로 수용된 기존 상담이론과 그것을 보충해 주는 최신 상담연구가 포함된다. 이런 상담이론과 상담연구의 가장 큰 기능은 내담자가 보이는 현상 너머에 있는 보이지 않는 내담자의 마음을 볼 수 있도록 안내해 주는 역할을 한다는 것이다. 그러니까 상담자는 상담이론을 통해 이 사례의 내담자인 황우찬이 표면적으로 드러내는, '이제는 잠자코 있지 않고 화가 나 있음을 드러내겠다'는 공격적 패턴 너머에 있는 내담자도 잘 알지 못하는 복잡하게 꼬이고 얽힌 마음에 다가갈 수 있게 된다. 내담자의 깊은 마음속에 어떻게 이 부적응적 패턴이 자리 잡게 되었는지를 정신역동이론은 무의식으로, Rogers 이론은 조건화 가치로, CBT 이론은 핵심신념으로, 대상관계이론은 내적 표상으로 설명함으로써 상담자가 내담자의 복잡한 마음의 근원에 다가갈 수 있게 한다.

여기에서 상담자가 반드시 경계하고 주의해야 할 것이 있다. 지금까지 상담자가 관련 정보를 통해 생각한 것은 내담자를 더 잘 이해하기 위해 세운 가설이지 편견이 아니라는 점이다. 따라서 상담자가 내담자에 대한 관련 정보를 가지고 가설을 세우는 것에 훈련이 필요하듯이 가설을 내려놓는 것에도 훈련이 필요하다. 상담자가 세운 가설이 내담자의 아픔과 고민을 탐색하고 내담자에 대한 깊은 차원의 이해에 이르는 데 오히려 방해가 된다면, 그것은 가설을 가장한 편견으로 변질된 것이다. [그림 2]를 보면 더 정확히 이해할 수 있다. [그림 2]에서 책은 가설을 의미한다. A의 상황을 보면 가설을 통해 내담자의 핵심적인 심리적 고통을 찾아 그것이 어디에서 비롯되었고 어떻게 이 자리까지 왔는지 이해했지만, 바로 앞에 있는 내담자를 정확히 보고 이해하는 데에는 가설이 오히려 방해가 되고 있다. 이렇게 되면 그것은 가설을 가장한 편견이다. 반면, B의 상황에서 가설은 상담자의 뒤에서 상담자가 바로 앞에 있는 내담자를 보다 깊이 탐색하고 이해하도록 받쳐 주는 안내자의 역할을 하고 있다. 이때 상담자가 세운 가설이 맞으면 내담자에 대한 보다 더 깊은 차원의 이해가 빠르게, 동시적으로 이루어지고, 가설이 틀렸다고 판단되면 또 다른 가설을 새롭게 탐색할 수 있는 좋은 기회가 된다.

필자는 전화접수 정보를 보고 스쳐 지나가듯 세운 유력한 가설

(A) 상담자는 눈앞에 책을 들고 있고,
   그 앞에 내담자가 있는 장면

(B) 상담자의 뒤쪽에 책이 있고,
   그 앞에 내담자가 있는 장면

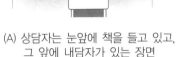

[그림 2] 가설의 위치

을 중심으로 황우찬과의 접수면접을 통해 탐색해야 할 에피소드 또는 요소들을 접수기록지에 메모하였다. 그러고 나서 복도를 왔다 갔다 하며 창문 밖을 내다보면서 호흡을 고르며 마음속으로 열심히 만들었던 가설들을 다시 비우는 작업에 들어갔다. 이런 과정을 통해 [그림 2]의 '내 생각에 빠져 있는 A와 같은 마음에서 내담자의 존재 그 자체를 볼 수 있는 B의 마음으로' 옮겨 가게 된다. 그러나 이렇게 시간적인 여유를 두고 세운 가설을 비우려고 해도 때로는 여전히 강력한 가설에 빠져 있는 자신의 모습을 발견할 때가 있다. 이럴 때 상담자는 '임상적 고백'이라는 최후의 가설 비우기 전략을 사용해야 한다. 이런 경우 필자는 면담의 전후 맥락을 살피며 내담자에게 솔직하게 "난 ○○의 이야기를 들으면서 이러이러한 생각을 하고 있어요. 이런 내 생각에 대해 어떻게 생각하나요?"라고 임상적 고백을 하곤 한다. 상담자가 자신이 세운 가설에서 벗어나려고 애썼지만 쉽게 떨칠 수 없다면, 이런 가설을 내담자와 함께 이야기할 필요가 있다. 상담자는 자기 앞에 있는 내담자에게 자신이 세운 가설을 공개함으로써 떨쳐지지 않는 가설로 인한 불편함에서 자유로워지고, 내담자는 상담자의 진실된 고백에 '아, 이 사람은 속에 있는 모든 것을 이야기해 주는 사람이구나. 나를 정말로 존중해 주려고 애쓰는구나.'라는 경험을 하며 상담자에 대한 신뢰를 갖게 되기 때문이다.

그러나 어떤 임상적 가설에서 벗어나려고 시간을 두고 노력했음에도 도저히 떨쳐 버릴 수 없다면, 그것은 정말로 임상적으로 의미가 있는 것일 수 있다. 상담자가 "난 이러이러한 생각을 하고 있어요. 이런 내 생각에 대해 어떻게 생각하나요?"라고 내담자에게 질문하면, 내담자가 "나도 그렇게 생각할 때가 있어요." "내 주변에 △△가 그런 얘기를 해서 힘든 적이 있어요."라고 돌연히 자기노출을 하면서 곧바로 핵심이 되는 아픔과 고민으로 들어가는 경우도 있기 때문이다.

02 접수면접의 시작

필자가 복도를 왔다 갔다 하면서 가설 비우기 작업을 하는 동안 저쪽 접수실까지 와서 '상담받기 싫다고 고래고래 소리 지르며 허공에 발길질을 해 대는' 황우찬의 모습이 언뜻 보였다. 어머니가 전화로 상담을 신청했기 때문에 어머니의 호소는 있지만 내담자의 직접적인 호소는 없고 단지 겉으로 드러나는 문제(인터넷게임 과다사용 문제, 학교생활 문제, 부모와의 관계 문제, 친구와의 관계 문제 등)만 있는 이번 사례의 경우, 내담자가 자신의 문제에 대해 뭐라고 이야기할지 참 궁금했는데 처음으로 내담자의 실체적 모습을 직접 볼 수 있어서 반가운 마음이 들었다.

고래고래 소리를 지르면서 발길질을 해 대는 이 상황을 통해 황우찬 자신은 오고 싶지 않은 상담실에 누군가의 강력한 요구에 눌려서(촉발요인) 따라오긴 했지만 막상 도착해 보니 그냥 있어서는 안 될 것 같아(반응 결과 또는 호소문제 또는 증상) 마음속의 억울함과 화를 노골적으로 드러낸 것(부적응적 패턴: 공격)으로 이해할 수 있었다. 이는 결국 '잠자코 있지 않고 화가 나 있음을 드러내는' 공격적 패턴(가설)을 지지하는 첫 번째 증거가 되는 셈이다.

사실 내담자 우찬이는 처음부터 아예 상담실에 오지 않을 수도 있었고, 어쨌거나 왔으면 어머니나 상담자가 원하는 바를 조용히 따르는 척할 수도 있었다. 내담자가 상담실에 오자마자 보이는 이런 반응 또는 행동은 하나의 유력한 가설을 확인할 수 있는 자료가 되는 경우가 많다. 특히 오랫동안 문제 경험을 해 왔던 사람은 어떤 특정한 상황이 벌어지면 반복적으로 비슷한 반응을 할 가능성이 높은데, 이는 상황에 객관적으로 반응하기보다는 그 상황과 관련된 과거의 상처받은 마음에 반응하기 때문에 그렇다. 따라서 특정한 상황에 처하면 '상처받은 마음'이 무의식적으로 작동하기에 자동적·반복적으로 비슷한 반응을 하게 된다.

이런 맥락에서 '자신이 원치 않는 무언가를 힘이 있는 누군가가 요구할 때 그 힘에 눌려서 따르는 척은 하지만 나중에 그 상황에 대해 부적절한 화를 내는' 황우찬의 반응은 우연히 일어난 일시적인 반응이 아니라 상담에서 상당한 의미가 있는 반응이다. 따라서 필자는 이 유력한 가설이 다른 상황에서도 반복적으로 드러나는지 유심히 살펴보기로 하였다.

마침내 첫 면접의 순간, 필자는 황우찬을 조용히 상담실로 안내하면서 '스쳐 지나가듯 세운 가설이 맞을 수도 있겠구나.' 하는 생각이 들었다. 왜냐하면 우찬이가 아예 처음부터 상담실로 들어가지 않고 도망갈 수도 있고 순순히 상담실로 들어가서 상담자가 원하는 것을 고분고분 따르는 척할 수도 있는데, 어머니가 이끈 상담실까지의 안내에 대한 반응(접수실까지 와서 상담받기 싫다고 고래고래 소리 지르며 허공에 발길질을 해 댐)에 비해 많이 순화되긴 했지만 여전히 간접적으로 공격적인 반응(화를 삼키며 상담자의 상담실 안내에 수동적으로 따름)을 보였기 때문이다. 접수면접을 시작하자마자 상담자가 내담자의 마음에 들지 않는 말을 하면 금방이라도 주먹이 날아올 것 같은 험악한 분위기가 되었다. 지금까지 세 번의 관찰 결과로 필자가 세운 유력한 가설(공격적 패턴: 잠자코 있지 않고 화가 나 있음을 드러냄, 힘이 있는 자가 내담자가 원치 않는 것을 제안하면 어쩔 수 없이 따르면서 수동적으로 화를 드러냄)은 검토 단계에서 확증 단계에 이르렀다.

　필자는 대개 첫 면접에서 내담자와의 관계가 상호 신뢰할 만하고 호의적이면, "내가 보기에 ○○이는 생각이 다르거나 원하지 않은 뭔가를 상대방이 하라고 할 때 상대방한테 오늘 그런 것처럼 못마땅함을 표현하는지 궁금하네. 그런 경우가 있었니? 그 이야기를 좀 해 볼래?"와 같이 질문하여 탐색해 본 후 유력한 가설을 확증하는 편이다. 그런데 황우찬과의 접수면접에서는 이런 질문을 하면 내담자와의 관계가 더 악화될 것 같아서 그 순간에는 확인할 수 없었다. 하지만 첫 면접에서의 어색함이 어느 정도 가시고 중간 이후에 내담자의 입에서 자연스럽게 나온 이야기(최근 게임을 같이 하다가 작전대로 하지 않아서 욕을 하거나 화를 낸 적이 있다)에서 유력한 가설에 대한 확신을 할 수 있었다.

　다음으로 스쳐 지나가듯 세운 가설과 함께 필자의 마음속에 떠오른 것은 내담자를 보는 순간 확 올라온 '짜증'이었다. 좀 더 자세히 필자의 마음을 살펴보니 '이런 내담자, 참 쉽지 않겠다. 나 아닌 다른 상담자가 맡아 주었으면 좋겠다.' 하는 마음과 함께 '아니, 이런 아이를 이런 상태에서 그냥 데리고 오면 어떻게 해. 집으로 돌아갔다가 다음에 애가 오고 싶을 때 와야지. 내가 담당일 때마다 왜 이런 내담자만 오는 거야. 어휴, 짜증나.' 하는 마음이 조금씩 올라오는 것을 볼 수 있었다.

필자는 상담자에게 이렇게 내담자를 '거부하는 마음, 거리를 두고자 하는 마음, 짜증이 올라오는 마음'이 든다는 것을 참으로 흥미롭게 생각한다. 많은 사람이 상담자들은 처음부터 내담자의 문제를 깊이 이해하고 그 아픔과 좌절을 단번에 이해할 거라고 생각하지만, 실제로는 상담자에게도 이런 마음이 든다. 그러나 상담자에게 이런 마음이 든다고 해서 그것을 상담자가 내담자를 거부하는 것으로 오해해서는 안 된다. 이렇게 내담자를 만나자마자 상담자에게 떠오르는 무의식 수준의 마음은 오히려 내담자를 더 잘 이해할 수 있도록 해 주는 '상담자를 향한 내담자의 무의식적 말 걸기, 내담자 자신의 경험세계로의 초대'에 해당하기 때문이다. 전문 상담자라면 자신의 경험세계로 이끄는 내담자의 이런 초대에 응할 수 있어야 한다.

수련 초기에 있는 상담자는 자신의 마음속에서 일어나는 내담자에 대한 이러한 무의식적 반응을 눈치채지 못하거나 한참 뒤에서야 '아, 내게 그런 마음이 있었어.' 하고 알아차린다. 또는 내담자에 대한 자신의 마음을 알아차리더라도 상담자로서의 임무에 충실하려고 마음속에서 거부 반응이 일어남에도 불구하고 마치 내담자의 문제를 모두 이해하는 척하며 내담자에게 "힘들었겠구나." 하고 이야기한다. 하지만 속으로는 말과 일치하지 않는 마음 때문에 어쩔 줄 몰라 한다. 심지어는 자신의 마음속과 다르게 내담자에게 친절하게 말하는 것을 공감이라고 생각하기도 한다.

필자는 상담자들이 상담접수실에서 (거부감이 드는) 내담자가 바쁜 일이 있어 못 온다는 연락을 받으면 얼굴이 확 밝아지거나 환호성을 지르는 것을 본 적이 있다. 이것을 상담자로서의 자신의 미숙한 마음으로만 볼 것이 아니라 내담자를 깊은 차원에서 이해할 수 있는 중요한 단서로 봐야 한다. 그러므로 상담자가 내담자에 대한 자신의 이런 거부 반응을 알아차리지 못하면 내담자를 깊이 이해할 수 있는 기회를 잃을 뿐만 아니라, 자칫하면 거부하는 마음이 '영혼이 담기지 않은 이해하는 척, 공감하는 척하는 상담'으로 이어져 끝내는 상담자의 소진으로 연결되고, 상담은 조기종결로 끝나는 경우가 많다.

그럼 상담자를 향한 내담자의 무의식적 말 걸기에 대해 좀 더 자세히 알아보자. 상담자가 처음 내담자를 대할 때 떠오르거나 스쳐 지나가는 느낌, 생각 또는 무심결에 하는 반응은 내담자의 주변 세상과 그 세상을 마주하는 내담자의 마음을 이해하는 데 많은 도움이 된다. 상담자는 자신이 내담자를 보고 처음에 갖게 된 감정, 생각을 내담자의 관계망 속에 있는 주변 사람들도 비슷하게 가지면서 내담자를 대하고 있을 가능성이 높다고 추정할 수 있다. 상담자가 내담자의 무의식적 말 걸기를 눈치채지 못하거나(내가 담당일 때마다 왜 이런 내담자만 오는 거야. 어휴, 짜증나.) 설령 눈치챘더라도 자신의 미숙함이나 나쁜 컨디션 탓으로 치부한다면, 내담자를 깊게 이해할 수 있는 큰 통로를 폐쇄하는 것과 같다. 정말로 상담자가 아직 수련 중이라서 미숙하거나 또는 너무 피곤해서 컨디션이 나쁘다고 하더라도 '내가 담당일 때마다 왜 이런 내담자만 오는 거야. 어휴, 짜증나.'라는 마음을 관계적 맥락에서 살펴보면 반드시 최소한 그것의 1~2%는 내담자에 의해 야기되기 때문이다.

이렇게 상담자의 마음에서 일어난 것들(이런 내담자, 참 쉽지 않겠다. 나 아닌 다른 상담자가 맡아 주었으면 좋겠다. 아니, 이런 아이를 이런 상태에서 그냥 데리고 오면 어떻게 하나, 집으로 돌아갔다가 다음에 애가 오고 싶을 때 와야지. 내가 담당일 때마다 왜 이런 내담자만 오는 거야. 어휴, 짜증나.)은 예사로운 것이 아니다. 내담자의 아픔을 이해하고 도와주려는 상담자가 이런 마음이라면 내담자의 주변 사람들은 어떨까? 아마도 내담자의 주변에는 내담자가 나타나면 '얘, 뭐야? 저리로 갔으면 좋겠네.' 하는 사람들이나 내담자를 보기만 해도 투덜거리는 사람들이 있을 가능성이 높다. 짜증이나 화를 내는 사람들도 있을 것이고, 심지어 짜증과 화를 욕설로 표현하거나 심하면 신체적 폭력을 가하는 사람들도 있을 것이다. 그러니 상담자는 자기 마음속에서 일어나는 것들을 통해 내담자의 경험세계로 들어가 볼 수 있다.

내담자를 대하면서 떠오르거나 스쳐 지나가는 상담자의 무의식적 마음을 통해 내담자의 일상적인 경험세계로 들어가 보면, 내담자가 '오늘은 좋은 마음으로 새롭게 시작해야지.' 하면서 하루를 시작하더라도 내담자 주변의 많은 사람은 대부분 내담자와 거리를 두거나 무시할 것이고, 내담자와 마주치면 짜증이나 화를 내고, 심할 때는 내담자가 어떤 마음으로 행동을 하든 상관없이 욕을 하거나 신체적 폭력을 가했을 것으로 추정할 수 있다. 따라서 내담자 주변에 내담자와 거리를 두거나 무시하는 사람이 있는지, 내담자와 마주치면 짜증이나 화를 내는 사람이 있는지, 내담자가 어떤 마음으로 행동하든 상관없이 욕을 하거나 신체적 폭력을 가하는 사람이 있는지 관심을 갖고 유심히 살펴봐야 한다. 이때 중요한 것은 상담자의 태도이다. 상담자는 꼬치꼬치 캐묻는 탐정과 같은 태도가 아니라 내담자가 갖고 있는 아픔을 찾아내 진실로 이해하려는 태도(도대체 얼마나 큰 아픔과 고뇌를 갖고 있기에 이 아침에 상담실에 와서 이렇게 화를 낼까? 도대체 그 아픔이 무얼까, 정말 알고 싶다.)로 임해야 한다.

필자의 이런 진심 어린 마음이 전달되었는지, 모자를 푹 눌러쓴 우찬이는 비록 씩씩거리면서 딴 곳을 쳐다보기는 했지만 상담자와 '한 공간'에 조용히 앉아 있기 시작했다. 필자는 이 '공간'의 경험이 내담자에게 굉장히 특별할 것이라고 생각했다. 내담자에게 이전의 '공간'은 상대방이 무시하거나 이해하는 척하거나 짜증을 내거나 잔뜩 기싸움을 하며 화를 내는 곳이었다면, 오늘의 이 '공간'은 (아마도 난생 처음 경험하는) 자신의 아픔을 찾아서 이해하려는 곳이기 때문이다. 내담자는 이 낯설고 불편한 분위기에서 뭘 어떻게 해야 하나 생각하는 것처럼 보였다.

축어록 #1 ··· **삭막함에서 어색함으로 전환하기**

상1: (도대체 얼마나 큰 아픔과 고뇌를 갖고 있기에 이 아침에 상담실에 와서 이렇게 화를 낼까, 정말로 그것이 알고 싶다는 태도로, 약간 여유 있는 목소리와 자세로) 안녕하세요? 말을 살짝 놓아도 될까요? (내: 그냥 신경 쓰지 않겠다는 표정) 그래요. 우찬아, 반가워.

내1: (인상을 찡그리며 사나운 눈빛으로 곁눈질함)

상2: 아, 그런데 어머니께서 우찬이에 대해 하고 싶은 말씀이 많은 것 같더라. 우찬이보다 먼저 날 만나고 싶다고 하시길래 "아닙니다, 우찬이가 할 말이 더 많을 겁니다."라고 했지. 그래서 어머니보다 널 먼저 만나려고 따로 시간을 냈어.

내2: (여전히 화가 난 표정, 무반응)

상3: 우리 이야기를 시작하기 전에…… 조금 전에 어머니랑 같이 있을 때도 이야기를 했지만, 이곳에서의 이야기는 특별한 상황, 예를 들어 우리 생명과 관련되어 지체할 수 없는 경우일 때는 우찬이한테 사전에 이야기하지 않고 비밀을 깨고 절차를 밟겠지만, 그렇지 않으면 우찬이가 이곳에서 한 이야기는 전부 비밀 유지가 된단다.

내3: (상담자가 무슨 말을 하든 신경 쓰지 않겠다는 듯 모자를 눌러쓰고 바닥을 응시함)

상4: 물론 사전에 이야기하지 않고 다른 사람한테 이야기를 하게 되더라도 사후에 이렇게 저렇게 되어서 이렇게 되었어 하고 우찬이한테 이야기를 해 줄 거야. 또 어떨 때는 비밀을 깨는 것이 오히려 우찬이한테 더 도움이 되는 경우가 있어. 그럴 때는 사전에 우찬이랑 충분히 이야기를 하고 나서 그렇게 할 거야. 그러니까 여기에서 우찬이가 선생님과 나눈 이야기가 우찬이 모르게 밖으로 나가는 일은 없을 거야. 뭐라고 하면 좋을까. …… 우리끼리 편안히 이야기한 것은 절대 새어 나가지 않는다고 해도 되겠지.

내4: (그냥 무심히 듣는 표정)

상5: 이해가 되었어요?

내5: (화가 더 심해지지 않은 얼굴 표정, 귀는 살짝 열어 둔 듯함, 무반응)

필자는 이전에 선택적 함묵증을 보이는 내담자(초4, 남)와 함께

15회 상담을 진행한 경험이 있다. 내담자가 거의 5회 이상 상담이 진행되는 동안 전혀 말문을 열지 않아 내담자의 표정 등 비언어적 단서에 의지하여 그 마음을 읽고 선택적으로 말문을 닫을 수밖에 없었던 아픔에 조금씩 다가간 적이 있는데, 이 상담을 통해 크게 깨달은 것은 내담자가 말을 하지 않더라도 마음은 충분히 나눌 수 있다는 것이었다.

〈축어록 #1〉에서 보면 우찬이도 자신만의 언어로 충분히 이야기하고 있음을 알 수 있다. 바로 그만의 특유한 무반응을 통해 반응을 하기 시작한 것이다. 우찬이는 상담실까지 오며 느낀 것을 성난 몸짓과 소리로 표현했는데, 그것들이 정점에 도달한 후 서서히 누그러지고 있음을 볼 수 있었다. 상담자에게는 우찬이가 보이는 무반응이 "헐~ 이건 뭐지? 이렇게 하면 대충 견적이 나오는데…… 오늘 이 사람은 도대체 뭐지?"라고 혼자 중얼거리는 것처럼 보였다. 그건 내담자가 상담자에게 무의식적으로 말을 거는 '직감적인 느낌(gut feeling)'(내가 담당일 때마다 왜 이런 내담자만 오는 거야. 어휴, 짜증나.)에 따르면 내담자가 계속 씩씩거리면서 험악하게 굴 때 상담자도 다른 사람들처럼 슬쩍 자리를 피하거나 화를 내거나 욕을 해야 하는데 필자는 전혀 그런 반응을 보이지 않으면서 묘하게 다른 방법으로 내담자에게 말을 하기 때문일 것이다. 게다가 필자는 상담자로서 상담구조화라는 전문적 과업을 이행하면서 동시에 그것을 통해 내담자가 '지금까지 경험해 보지 못한 묘한 경험, 즉 하나의 존재로서 대접받는 경험'을 하는 치료적 목적도 함께 달성하려고 애를 썼다.

보호자와 청소년이 함께 상담실을 방문했을 때, 상담자가 무심코 청소년보다 상담 동기가 더 높은 부모를 먼저 면담하기 쉬운데 이를 조심해야 한다. 내담자의 입장에서 보면 그렇지 않아도 상담에 대해 마음이 없거나 수동적으로 마지못해 따라온 건데, 자신보다 부모를 먼저 면담하는 상담자의 태도는 여러 가지 이유로 상담에 대한 동기가 낮은 내담자의 의견을 듣지 않고 경시하는 것처럼 보이기 때문이다. 또한 보호자를 먼저 면담하게 되면 상담자도 앞서 면담한 보호자의 시각으로 내담자를 보는 편견에 빠질 수 있다. 필자 또한 접수면접을 통해 우찬이를 처음 만났을 때 우찬이가 상담에 대해 워낙 적대적인 감정을 보여서 어머니를 먼저 면담할까 하는 마음이 살짝 들기도 했다. 하지만 필자는 상담에 대한 동기가 전혀 없는 내담자와 반대로 동기가 넘쳐 당장이라도 해결해 주기를 바라는 보호자(어머니와 삼촌)를 나란히 앉혀 놓고, 오늘의 접수면접과 차후의 상담이 어떤 범위와 한계 속에서 어떤 순서로 어떻게 진행될 것인지 자세히 구조화해 주었다. 이렇게 보호자와 함께한 상담구조화 그리고 〈축어록 #1〉의 상2, 상3, 상4에서 볼 수 있는 재구조화를 통해 표면적으로는 상담을 구조화하였지만, 동시에 여러 맥락과 상황 그리고 관계 속에서 몇 가지 이유로 대부분 뒤로 밀려났을 내담자를 우선적으로 배려하였다. 즉, 힘이 있는 사람이 먼저 하고 싶은 말을 하는 것이 아니라 세상에서 이미 많이 밀려나 있고 힘도 없는 내담자가 무엇을 보는지, 무엇을 느끼는지, 무슨 마음이 드는지에 대해 우리가 일상에서 사용하는 언어가 아닐지라도 그들만의 언어(무반응, 허공에 발길질을 해 댐, 모자를 눌러씀 등)로 충분히 먼저 말할 권한이 있다는 것을 행동으로 알려 준 것이다. 특히 필자는 여태까지 여러 관계 속에서 많이 배제당했을 내담자를 또 배제하는 것이 아니라 이제껏 경험해 보지 못했을 '따뜻한 환영'을 경험하도록 해 주고 싶었고, [그림 1]의 가설을 따라가며 내담자가 그동안 상황이 되지 않아 풀어 놓을 수 없었던 이야기를 맘껏 하도록 해 주고 싶었다.

필자는 내담자의 마음이 조금씩 움직이는 것을 느낄 수 있었다. 내담자는 비록 눈은 바닥을 보고 있었지만 귀는 분명히 열고 있었고, 화내고 짜증내던 모습도 많이 누그러져 화난 눈빛과 거친 숨소리가 점점 가라앉았다. 또한 상담자의 마음속에서 일어났던, 내담자를 막연히 거부하는 마음(내가 담당일 때마다 왜 이런 내담자만 오는 거야. 어휴, 짜증나.)도 점점 누그러졌다. 오히려 낯설고 불편한 상황에서는 지속적으로 공격적인 반응을 보일 만큼 과거에 얽힌 복잡한 마음이 있을 텐데도 그 마음을 서서히 내려놓고, 낯선 분위기에 조심스레 반응하기 시작하는 내담자의 도전에 마음이 먹먹해지기 시작하였다.

Goldfried(1991)는 내담자가 희망, 치료적 관계, 통찰, 교정 그리고 현실 검증의 과정을 거쳐 변화한다고 하였다. 바로 지금 내담자에게 '당신과 같이 있으면 지금까지 경험해 보지 못한 새로운 뭔가를 볼 수 있을 것 같아.' 하는 희망이 생겼음을 알 수 있었다. 이것이 내담자의 복잡한 마음을 탐구하여 이해해 주려는 상담자의 진심 어린 노력에 대한 내담자의 반응이며, 내담자로서는 처음 해 보는 경험일 것이다.

이런 분위기 속에서 필자는 내담자에게 "오늘 원치 않는 곳에 왔구나. 우찬이가 하고 싶은 이야기가 많을 것 같다. 난 저기 밖에 계시는 엄마가 하는 이야기보다 우찬이가 하는 이야기를 먼저 듣고 싶어. 엄마와 삼촌이 널 이곳에 데려왔지만, 우찬이가 원치 않으면 결코 다음 단계로 넘어가지 않을 거야."라며 마음을 표현하였다. 많은 상담자가 우찬이 같은 비자발적 내담자가 상담실에 왔을 때 말문을 열게 하려면 어떻게 해야 하는지, 그런 비결이 따로 있는지 묻곤 한다. 그러면 필자는 "왜 굳이 말문을 열려고 하나요? 내담자가 말문을 닫고 있는 것도 말하는 거예요. 굳게 다문 입으로 무엇을 말하고 있는지, 무엇을 말하고 싶어 하는지, 또 입을 다물고 비언어적으로 이야기할 수밖에 없는 이유는 무엇인지를 생각해 보세요."라고 답한다. 결국 우찬이 같은 비자발적인 내담자의 마음을 열게 하는 것은 듣기 좋은 말이 아니라 내담자의 마음 상태를 알아주려는 상담자의 진정한 마음뿐이다.

아주 작게 열린 우찬이의 마음은 곧이어 다음과 같은 '어색하지만 진실한 대화'로 이어졌다. "오늘은 우찬이의 말을 듣고 싶은데…… 우찬이의 표정을 보니 이 상담실은 오고 싶은 곳이 아니었구나? [내: (고개로 가볍게 동의 표시)] 글쎄, 우찬이가 오고 싶지 않은 이곳으로 우찬이를 데려온 어머니는 우찬이가 최근에 인터넷 게임을 너무 많이 해서 걱정이라고 하시던데…… 우찬이가 요즘 게임을 많이 하는가 보다, 그래요? [내: (창 쪽을 바라보며 끄덕임)] 그렇구나, 그게 무슨 게임이니? [내: (퉁명스럽게) ○○○○○○이요.] 선생님은 그 게임을 잘 모르지만 많이 재미있나 보다. (내: 예~ 재미있어요.)"

필자는 이렇게 대화를 시작하면서 내담자가 그동안 생활하면서 힘들었던 자신의 이야기를 충분히 토로할 수 있도록 유도하였다. 특히 우찬이처럼 내담자의 언어적 호소가 없으면서 단지 겉으로 드러나는 문제(인터넷게임 과다사용 문제, 학교생활 문제, 어머니와의 관계 문제 등)만 있는 사례의 경우, 문제와 관련된 내담자의 힘든 속 이야기를 탐구하여 내담자가 그것을 충분히 말해 보도록 하는 경험은 중요하다.

'도대체 무슨 게임이기에, 얼마나 재미있기에 게임 이름만 말해도 여태까지 뿌루퉁하던 우찬이의 얼굴에 생기가 돌까?' 필자는 그게 정말로 궁금했다. 그래서 우찬이에게 에너지를 주는 것에 대해 알아보고 싶은 마음으로 우찬이에게 그 게임을 어떻게 하는 건지, 무슨 재미가 있는지 좀 알려 달라고, 이야기해 줄 수 있냐고 요청했고, 이에 우찬이는 한동안 ○○○○○○은 어떻게 하는지, 어떤 재미가 있는지, 언제 시작했는지, 최근에는 얼마나 자주 하는지에 대해 열심히 이야기하였다.

"처음에는 초등학교 1학년 때 집에서 *레이지 아케이드, 카*라이더 같은 게임을 했거든요. 그러다가 초등학교 3학년 땐가 4학년 땐가부터 아는 동네 형들이랑 PC방을 다니기 시작했어요. 그 형들이랑 이것저것 게임하다가 이 ○○○○○○도 알게 됐는데요, 저는 이게 젤 재밌더라고요. 전쟁하는 게임이에요. 총과 칼로 상대편 팀을 공격하여 죽이면 이기는 게임인데요, 이 게임을 하면 온갖 스트레스가 한 방에 혹 날아가는 것 같아요. 그 후로 폭력적인 게임이 재미있어서 주로 하고 있어요. 이거 머리 써야 하는 게임이에요. 잘 숨기도 해야 하고 공격하려면 같은 편끼리 작전도 잘 짜야하고 전략도 좋아야 승리할 수 있거든요. 그래서 이기면 기분이 짜릿해요. 얼마나 스릴 있고 재미있는데요. 학교에서 힘든 일이 있었거나 아빠가 욕하며 때리거나 할 때는 더 자주 하게 돼요. 엄마와 삼촌은 이제 제발 게임 좀 그만하라고 야단인데…… 사실 요즘엔 오래 앉아 있으면 목도 아프고 허리도 아프고 팔꿈치도 아프고 손가락도 아파요. 다 아파요. 그래서 이제 게임도 그만해야겠다 생각하고 있었어요."

우찬이의 이런 이야기를 들으면서 필자는 참 기뻤다. 필자는 어째서 우찬이가 주변 사람들보다 게임을 친구로 삼을 수밖에 없었는지 정말 그 이유를 알고 싶은 마음에서 이야기해 줄 것을 요청했는데, 내담자가 상담자의 그 마음을 오해 없이 받아들여 반응해 주었기 때문이다. 필자는 "선생님이 게임은 잘 모르는데 우찬이의 얘기를 들어 보니 게임이 그런 것이구나. 게임이 단순히 시간을 보내기 위해서 하는 것이 아니라 힘든 일이 있을 때 마음을 나누는 친구가 될 수도 있겠구나 하는 생각이 드네. 그리고 이렇게 표현하면 어떻게 생각할지 모르겠지만, 게임을 오랫동안 하다 보니 여기저기 아픈 곳이 생겨서 이제 그만해야지 하는 생각도 하고 있었다니 반갑기도 하고."라고 이야기하며 마음을 나누었다.

그리고 또 다른 하고 싶은 말이나 힘든 것은 없는지 물으니 우찬이는 침묵한 채 깊은 생각에 잠겼다. 필자는 한동안의 침묵 후 내담자의 마음을 탐구하는 데 촉진제가 필요할 것 같은 생각이 들었다. 내담자의 무의식적 말 걸기에 대한 앞의 논의에서 필자는 내담자가 주변 사람들과의 관계가 원만하지 않아 힘든 경험이 있을 수 있겠다는 추론(내담자 주변의 많은 사람은 대부분 내담자와 거리를 두거나 무시할 것이고, 내담자와 마주치면 짜증이나 화를 내고, 심할 경우 내담자가 어떤 마음으로 행동을 하든 상관없이 욕을 하거나 신체적 폭력을 가했을 것)을 했는데, 내담자가 이에 대한 것도 토로하고 싶어 할 것 같아 이를 촉진제로 활용하기로 했다. 그래서 친구들과는 어떻게 지내는지 궁금하다고 질문을 이어 갔다. 우찬이의 호소는 다음과 같았다.

"제가 수업시간에 주로 자긴 하지만요, 그래도 학교는 안 빠지고 가려고 노력해요. 사실 학교 가는 게 재밌지는 않아요. 누가 건들지만 않으면 그냥 조용히 지내요. 중학교 때 1학년부터 깐죽거리는 애가 있었는데요, 2학년 되고 얼마 안 돼서 그 애가 자기가 맡은 구역의 청소를 나보고 하라고 해서 한바탕 싸웠어요. 조용히 있으니까 날 아무 생각도 없는 애로 봤는지 무시하는 게 보이더라고요. 그 이후로 어떻게 소문이 났는지 날 건드리는 애들은 없었어요. 그렇다고 다가오는 애들도 없었고. 고등학교 와서도 마찬가지에요. 요즘에는 뭐…… 동네 아는 형들하고 놀아요. 딴 애들하고는 그렇게 잘 놀지 않고."

필자는 "그렇구나, 학교에서는 주로 혼자 있을 때가 많고 가끔 그 게임 같이 하는 동네 형들과 어울리는 것 말고는 없구나. 뭐든 이야기할 수 있는 마음 맞는 친구가 있으면 좋을 텐데, 그런 친구는 없나 보구나." 하고 내담자의 마음을 알아주었다.

또 오늘 이곳에서 더 하고 싶은 이야기가 있는지 물으니, 우찬이는 더 이상 없다는 표정을 지었다. 그래서 필자는 앞서 우찬이가 한, "제가 수업시간에 주로 자긴 하지만요, 그래도 학교는 안 빠지고 가려고 노력해요. 사실 학교 가는 게 재밌지는 않아요."라는 이야기에서 공부와 관련된 스트레스는 없는지, 또 학교나 공부에 큰 흥미는 없지만 앞으로 무엇을 할까 하는 진로에 대한 고민이 있는지 물어보았다. 우찬이는 생각에 잠기며 잠시 머뭇거리다가 다음과 같이 말을 이어 갔다.

"어릴 땐 체육을 좋아해서 체육 선생님이 되고 싶었어요. 초등학교 때까지는 그냥 막연히 체육 선생님이 됐으면 좋겠다 했는데…… 이제는 꿈도 못 꾸죠. 지금은 사실 아무 생각도 없어요. 전문대학이라도 가고 싶지만 성적이 형편없거든요."

필자는 "우찬이는 진로 고민은 안 하는 것 같아 보였는데 속으로는 이 생각 저 생각 많이 하고 있구나. 어릴 때 선생님 되는 게 꿈이었다는 것도 반갑고. 지금 성적으로는 할 수 있는 것이 없을 것 같아 꿈마저 아예 꾸지 않는 걸로 보이네." 하고 마음을 나누었다.

사람들은 지난 삶의 경험들을 객관화할 수 있을 정도로 논리적으로 정리하지 않는다. 특히 내담자들은 전체 삶의 경험에서 한 부분만을 주관적으로, 아전인수격으로 해석하여 보관하고 있다가 기회가 되면 감정의 덩어리를 드러낼 때가 많다. 그러므로 상담자는 첫 면접에서 내담자가 하는 말에만 의존하여 서둘러 상담을 진행해서는 안 된다. "그동안 또 묻어 둔 것은 없나요? 이러이러한 것이 더 있을 것 같은데 아닌가요? 오늘 다 듣고 싶네요."라는 질문을 하여 내담자가 그동안 묻어 둔 감정의 덩어리들을 함께 채굴할 수 있는 여유가 있어야 한다. 왜냐하면 오랫동안 문제 경험을 해 온 내담자들은 그 어려움을 말로 표현하기보다는 비언어적 행동 또는 증상으로 표현하는 경우가 많기 때문이다. 우찬이의 경우엔 '게임을 많이 해서 눈이 충혈되고 손목과 목 그리고 등, 허리에 자주 뻐근함을 느끼는' 가시적 증상/특징(physical symptom/feature), '자신이 원하지 않는 뭔가를 상대방이 요구하면 간접적으로 또는 직접적으로 화를 드러내는' 정서적 증상/특징(emotional symptom/

feature), 그리고 '학생에게 주어진 학업량(공부)을 소화하지 못하고, 상하의 관계 그리고 또래와의 관계도 유지되지 않는' 기능적 증상/특징(functional symptom/feature)을 골고루 보였다. 지금까지 상담자에게 비언어적 행동이나 증상을 통해 보인 부분들은 대부분 드러났다고 볼 수 있으나, 머뭇거리며 말하지 않은 부분이 있는 것 같아 조심스럽게 질문을 이어 나갔다.

필자가 또 다른 힘든 점은 없는지 질문하자 우찬이는 없다고 했다. "선생님은 상담하는 사람이잖아. 선생님이 보기에는 오늘 우찬이가 이곳에 와서 어머니랑 삼촌이랑 실랑이하는 걸 보니 부모님과의 관계에서도 힘든 점이 있을 것 같은데?"라고 재차 물으니 처음엔 우물쭈물하다가 곧 힘든 부분을 털어놓기 시작했다.

"아빠는 술을 자주 마셔요. 내가 아주 어릴 때부터 그랬어요. 술을 마시면 다짜고짜 소리부터 질러요. 물건을 집어던지거나 온갖 욕을 하면서 주먹으로 내 머리를 툭툭 치기도 하고요. 아홉 살 땐가 엄마는 저녁에 일하러 나가고 동생이랑 집에 있었는데요. 아빠가 술 떨어졌다고 술 사 오라고 고함을 질렀어요. 맞을까 봐 겁나서 방에 숨어서 아빠가 지르는 소리를 못들은 척했다가 그날 엄청나게 맞았어요. 동생도 있었는데 나만 맞았어요. 그러고 보니 엄마랑 동생도 밉네요. 아빠는 소리 지르고 때리니까 무서운데 뭐 늘 그런 사람이려니 해요. 덜 맞는 것 외엔 방법이 없어요. 근데 내가 맞을 때마다 엄마는 아빠 대신 일하러 나가서 집에 없었고, 동생은 똘똘하고 말 잘 듣고 이쁘다고 나만 때렸거든요. 그러니 어떡해요? 기분 나쁘거나 스트레스 쌓이면 게임했죠."

필자는 "어릴 때부터 그런 일이 있었구나. 때리는 아빠한테 느끼는 무섭고 두려운 마음을 혼자서 견뎌 냈네. 아빠는 물론이고 엄마와 동생도 우찬이의 마음을 몰라 주고, 그럴 때마다 게임만이 우찬이의 힘든 마음을 풀어 줬나 보구나." 하고 내담자의 마음을 어루만져 주었다.

자, 이쯤에서 잠시 상담실에 들어서자마자 상담을 받지 않겠다고 야단법석을 떨고, 유심히 보지 않으면 알 수 없는 비언어적 행동과 증상으로만 표현하던 우찬이가 어떻게 달라졌는지 생각해 보자. 내담자인 우찬이는 처음 보는 상담자인 필자와 만난 첫 면접의 짧은 시간 안에 게임 과다사용, 진로 및 학업, 친구 및 부모와의 관계 등에서 여태까지 너무 힘들어 마음에 깊이 묻어 두었던 것들을 하나씩 비언어적 행동이 아닌 언어로 소화해서 최대한 풀어내는 작업을 해냈다. 이것은 굉장히 놀라운 일이다. 내담자가 이런 작업을 한 것이 얼마나 놀라운 일인지 모르겠다면 상담자인 우리의 일상 모습을 생각해 보자. 우리도 일상에서 이런저런 힘든 일을 겪으면 모두 언어로 표현해서 풀어내지 못하고 마음속에 묻어 둘 때가 있다. 그렇게 묻어 둔 미해결된 일 때문에 잠을 못자거나 잠들더라도 뒤숭숭한 꿈에 시달리기도 한다. 그런데 우찬이는 지지적인 분위기였다고 해도 짧은 면담시간 안에 대략 10여 년의 세월 동안 깊이 묻어 두었던 여러 가지 복잡한 마음(두려움, 분노, 공포, 불안, 수치심 등)을 그동안 해 보지 않았던 방법으로, 즉 의식적 수준까지 끌어올려 언어로 표현하면서 당당히 맞섰다. 어릴 때처럼 무서워서 무조건 피하거나 숨지도 않고 또 그동안의 억울한 마음을 딴 곳에 화로 풀지도 않고 이제 막 신뢰할 만한 관계가 형성된 낯선 상담자와 나누었다. 게다가 우찬이는 여태까지 해 보지 못했던 방법으로 그동안 마음속에 묻어 두었던 것을 상담자와 나누는 경험을 하면서 생전 처음으로 다 끄집어내어 이야기하는 시원함을 느꼈다. 상담자의 입장에서도 내담자가 자신의 이야기를 토로할수록 '그럴 수도 있었겠다, 그래서 그렇게 했구나.' 하고 내담자를 지지하는 태도가 더 우러나게 된다. 이 얼마나 놀라운가!

　오늘날의 상담은 대부분 시간과 경제적 이유 또는 내담자의 준비도 등을 고려하여 20~30회 안팎의 단기상담 형태로 이루어진다. 특수한 상황인 경우에는 5회 안팎으로 상담을 해야 할 때도 있다. 내담자의 문제가 오래된 무의식과 관련이 깊고 내담자에게 상담의 동기가 있을 때에는 장기상담을 하기도 하지만, 이런 경우는 상담현장에서 그렇게 많지 않다. 우찬이의 경우, 학교 일정과 내담자의 동기 수준을 고려하여 초기에 10회 정도 상담을 진행하는 것으로 조율하였다. 따라서 필자는 내담자가 '지금 여기'에서 관심을 갖고 풀어 보고자 하는 마음이 있고 내담자가 힘들어하는 것의 전체와 연결되어 있는 한 부분을 선택해야 했다. 다시 말하면, 이번 단계에서 주어진 제한된 짧은 시간 안에 시도해 볼 만한 변화에 초점을 두고, 그 변화의 체험을 통해 장기적으로 일상생활에서도 효과가 일어나도록 할 수 있는 '상담의 이슈' '상담의 초점' 또는 '주호소문제'를 무엇으로 할 것인가를 면밀하게 검토해야 했다.

　지금까지 살면서 제대로 대접받지 못했던 내담자가 접수면접 또는 초기면접에서 상담자를 통해 새로운 존재적 경험을 하게 되면, 감동을 한 나머지 자신의 모든 상담 이슈를 한꺼번에 다 해결하려고 하는 경우가 많다. 이때 상담자도 내담자와 통하는 것이 있는 것 같아서 내담자의 준비도에 비해 많은 것을 하고 싶은 욕구에 사로잡혀 선뜻 내담자의 욕심과 손을 잡고 액팅아웃(acting out)하는 잘못을 하기도 한다. 이럴 때는 마음속에서 일어나는 이런 현상을 언어로 표현해 보는 것이 좋다.

"○○ 씨가 오늘 그동안 힘들었던 이야기를 같이 하고 나니 지금까지 고민했던 부분을 다 해결할 수 있겠다는 마음이 드는 것 같습니다. 그런 마음 충분히 이해합니다. 나도 ○○ 씨의 그 마음 그대로 ○○ 씨가 원하는 것 모두를 한꺼번에 선물로 드리고 싶습니다. 그렇지만 아시다시피 현실적으로 우리가 함께할 수 있는 시간과 횟수가 제한되어 있어요. 그래서 우리가 나눈 것 중 가장 해 볼 만한 것에 도전해 보는 것이 어떨까 해요. 가장 해 볼 만한 작은 거 하나를 통해 나비효과를 경험한다고나 할까요. 커다란 전체 모두를 긴 시간에 걸쳐 변화시키려 하기보다 전체와 연결된 작은 하나를 다루면 변화를 일으키기도 쉽고, 그렇게 일어난 변화는 또 전체와 연결되어 있으니까 자동적으로 전체에도 영향을 주게 되죠. ○○ 씨는 어떻게 생각하세요?"

이런 질문과 논의를 통해 내담자와 상담자가 할 수 있는 것의 범위와 한계를 정하는 것이 중요하다. 그래서 우찬이에게 "앞으로 남은 시간에 무엇을 할까?" 하고 물으니 "이제 게임 안 하려고요. 언젠가부터 팔목과 목 쪽이 뻐근해요. 게임하고 나면 이제는 온몸이 아픈 것 같아요. 그래서 이제 안 해야지 하고 마음먹는데 컴퓨터 앞에 앉으면 그냥 또 게임을 하거든요. 당장이라도 끊을 수 있게 도와주세요."라는 대답을 했다.

이때는 상담자도 깜짝 놀랐다. 우찬이가 한 대답은 우찬이가 토로한 것(게임 과다사용, 진로 및 학업, 친구 및 부모와의 관계) 중 어머니가 가장 원하는 것이었고, 그것도 게임을 줄이는 것이 아니라 '당장이라도 끊을 수 있게 도와달라'고 하니 얼마나 놀라운가? 그러나 필자는 내담자의 열의에 찬 반가운 요구를 정중히 거절했다.

"우찬이가 이번 짧은 상담시간을 통해 아주 큰 결심을 한 것 같아 반갑네. 선생님도 우찬이가 원하는 것을 이룰 수 있게 도와주고 싶단다. 하지만 지금까지 우찬이가 힘들 때 좋은 친구가 되어 준 그 게임을 단번에 그만두는 건 쉽지 않은 일이야. 우찬이는 어떻게 생각해?" 이런 필자의 질문에 이어진 우찬이의 대답이 재미있었다. "하긴 그래요. 지금 마음은 이렇지만 컴퓨터 앞에 앉으면 또 게임을 하게 될 거예요." 그래서 필자는 내담자의 준비도에 맞게 "그래. 앞으로 상담에서 무엇에 역점을 두고 싶은지 우찬이의 마음을 알았으니까 같이 생각을 해 보자."라고 대답한 후 다음의 대화로 이어 갔다.

원칙적으로 상담자는 접수면접을 통해 내담자의 호소문제와 그 배경을 탐색하고, 내담자가 반복적으로 문제를 경험할 수밖에 없는 이유를 이해하며, 개념화를 바탕으로 앞으로 가장 적합한 상담 서비스가 지속적으로 제공될 수 있도록 안내한다. 이런 맥락에서 상담현장에서 접수면접의 기능을 원만히 수행할 수 있는 두 가지 방법을 소개하고자 한다. 첫 번째 방법은 접수면접자가 대략 두세 시간 정도의 충분한 시간적 여유를 갖고 접수면접을 진행하는 것이다. 이 방법은 내담자가 상담에 대한 동기가 충분히 있어서 상호 협조적일 때 가능하다. 그러나 황우찬처럼 상담에 대한 동기가 전혀 없거나 동기가 낮은 내담자가 오면 상담자가 목적에 부합하는 접수면접의 기능을 수행하는 데 어려움이 생긴다. 그럴 때는 접수면접자가 접수면접을 2, 3회로 나눠서 진행하는 두 번째 방법을 실행하는 것이 좋다. 내담자가 상담에 대한 동기가 낮거나 전혀 없으면 처음부터 접수면접 고유의 기능에 역점을 두기보다는 우선 내담자와 치료적 관계를 형성하는 데 많은 시간을 보내면서 촉진적 치료관계를 단단히 다지는 것이 더 낫기 때문이다. 그렇게 한 후에 원래의 접수면접의 기능을 수행하면 된다. 접수면접자는 내방 예정인 내담자의 준비도에 따라 앞의 두 가지 실행 방법 중 하나를 선택하여 접수면접을 진행하면서, 면담과 필요하다면 심리검사를 통해 내담자의 문제와 그 배경을 탐색해 보고, 최종적으로 내담자 문제의 근원이 되는 심리적 기제까지 파악할 필요가 있다.

황우찬의 경우, 표면적으로는 친구들과 싸운 일로 학교에서 먼저 상담받을 것을 요구해 상담실에 온 사례라 상담 동기가 전혀 없었다. 그렇기에 필자는 당연히 두 번째 형태의 접수면접을 수행할 수밖에 없었다. 따라서 첫 번째 시간에는 내담자가 '상담은 내 편'이라고 생각할 수 있도록 치료적 관계를 충분히 형성하는 데 주력해야 했고, 두 번째 시간에는 이렇게 형성된 상호 협조적 관계를 바탕으로 내담자 스스로 '아, 그래서 내가 힘들었구나. 앞으로 내가 어떻게 하면 되겠구나.' 하는 마음이 의지로 이어지게끔 하는 데 역점을 두었다.

우찬이가 오늘은 비록 스스로의 의지로 온 것이 아니라 어머니와 삼촌에게 이끌려 왔지만 다음에는 스스로 상담실에 와서 끝내지 못한 접수면접을 마무리하고, 필요하다면 상담 서비스를 계속 받을 수 있도록 하는 상담의 동력이 필요했다. 그래서 우찬이가 마음의 문을 활짝 열고 다음에 재방문할 수 있는 동기를 불어넣고자

하였다. 지금까지의 면담으로 우찬이가 상담에 대해 가졌던 오해
(상담은 내 편이 아닌, 전적으로 엄마 편. 이곳에서 빨리, 멀리 벗어나는
게 좋겠어.)는 풀었지만, 집으로 돌아가기 전에 '상담을 해 보니 시
원함이 있네. 다음에 또 오면 좋겠다.'라는 마음이 생기도록 상담
에 대한 동기를 한 단계 더 높일 필요가 있었다. 그래서 상담실에
서 필자와 함께 이야기를 나누면서 조금씩 달라진 우찬이의 모습
에 주목했다. 사실 이런 변화는 우찬이의 주변 사람들은 눈치채지
도 못하고 대수롭게 여기지도 않는 부분이다. 필자는 마음속에 있
는 가설을 내담자와 나누며, 동기 활력제를 투여하는 다음과 같은
대화를 이어 갔다.

축어록 #2 … **대단한 변화 다루기**

상1: (약간 여유 있는 목소리와 자세로) 아침에 와서 긴 이야기를
했는데, 조금 숨 좀 돌리고 가면 어떨까? 지금 우찬이의 기분
은 어떤지 궁금한데? 표정으로 봐서는 처음 왔을 때하고 많
이 다른 것 같기도 하고…….

내1: (느닷없는 중단과 질문에 약간 당황한 표정을 지으며) 네?
(상: 지금 기분이 어떠냐고?) 그냥 그래요.

상2: "그냥 그래요."라는 말은 어떻다는 건지 알기가 조금 힘드네.
좀 더 길게…… 좀 더 구체적으로 표현해 줄래요?

내2: 그냥, 그런데……

상3: 그냥, 그런데…… 그것도 참 어려운 말이네. 얼굴 표정을 보
니까 기분이 나쁘지는 않은 것 같은데? (내: 네.) 글쎄 약간 좋
은 쪽인 것 같기도 하고…… (내: 네.) 우리 우찬이는 그렇구

나. 그럼 선생님 기분 좀 물어봐 줄래요?

내3: (쑥스러운 듯 흘리는 말투로) 선생님은 기분이 어떤데요?

상4: 난 가슴이 좀 먹먹하다고 할까, 뭔가 마음속에 감동의 물결이 흐르는 것 같아. 무슨 말인지 모르겠지? (내: 네.) 우찬이가 처음 접수실에 와서 상담 안 받겠다고 막 소리 지르고 발길질 하던 행동과 지금 내 앞에서 하는 행동은 아주 큰 차이가 있어. 처음에는 선생님도 솔직히 좀 무서웠거든. 잘못하면 한 대 맞을 수도 있겠다 하는 생각도 들었고. 그런데 지금은 우찬이가 그냥 말동무 같기도 하고, 우리 사이가 편해진 것도 같고. 내 말에 동의해? (내: 네.) 우찬이가 동의를 하니까, 정리해 보면 우찬이가 참 많이 달라진 것 같아. 여태까지는 마음에 들지 않으면 오늘 아침에 했던 것처럼 불편한 마음을 이리저리 막 드러냈는데, 지금은 불편한 마음을 행동으로 나타내지 않고 말로 풀어내고 있잖아. 여기에서 지금 우리는 서로 그냥 말 잘 통하는 친구 같아. 그래서 통하지 않을 것 같았던 우찬이와 이렇게 같이 앉아 있다는 게 참 좋고 감동적이야. 내 마음이 이해돼? (내: 아, 네.) 그럼 선생님 마음이 어떤지 우찬이 말로 설명 좀 해 줄래? 누구한테 중계방송해 주듯 말이야.

내4: 아, 그러니까…… 내가 좀 달라졌다 뭐 이런 것 같아요. (상: 어떻게요?) 뭐 공손하게, 화를 내지 않고 말로 표현하는 것이 되고 있다. 그래서 좋다는 것 같아요.

상5: 내 마음을 정확하게 정리했네. 그래 맞아…… 우찬이도 그래 맞아 하는 마음이 들어? (내: 네.) 그래요…… 그러면 이런 비슷한 경험을 전에 한 적이 있어? 속에 있는 화를 말로 풀고,

서로가 조금씩 편해지고 가까워진 경험? 이와 비슷한 경험을 한 적이 있어?

내5: (긴 생각에 잠긴 얼굴로) 아마…… 없을걸요. 기억나지 않아요.

상6: 그럼 우찬이의 기억에 의하면 오늘처럼 화를 말로 풀어내고, 담담하고 편안한 마음을 경험한 것은 우찬이의 삶에서 처음 있는 일이라고 할 수 있겠네? (내: 네.) 그렇다면 선생님이 왜 감동했는지도 이해가 되겠구나. 지금까지 한 번도 해 보지 않은 것을 우찬이가 오늘 해냈고, 여기에 내가 함께 있었다는 것이 참 좋고 감동이 되더라고. 우찬이의 마음은 지금 어때? 선생님의 마음과 감동이 전해져?

내6: (쑥스러운 목소리로) 네…… 뭐라고 할까 참 묘해요. 저도 이상하게 좋아요.

아직도 우찬이에게 일어난 변화를 알아채지 못했다면, 우찬이에게 일어난 변화 중 가장 큰 변화가 무엇인지 잘 모르겠다면 함께 살펴보도록 하자. 우찬이는 자신의 욕구가 받아들여지지 않는 상황에서 그 대상이나 상황이 맞서 볼 만하면 직접 화를 드러내지만 대상이나 상황이 만만치 않으면 간접적으로 은근히 화를 드러내는 공격형이다. 어머니와 삼촌의 힘에 눌려 상담실에 끌려온 우찬이는 처음에는 오자마자 소리 지르고 발길질을 해 대면서 화를 표출했고, 상담실에 들어와서는 말 한마디 안 하고 뿌루퉁한 표정으로 간접적으로 화가 났음을 표현하였다. 그랬던 우찬이가 '게임 과다사용, 진로 및 학업, 친구 및 부모와의 관계'에 얽힌 마음의 덩어리를 말로 풀어냈다. 지금까지 살아오면서 우찬이가 이렇게 말

43

로 자신의 얽힌 마음을 풀어낸 적이 있었을까? 초기면접과 상담에서 드러난 정보에 의하면 예전에는 결코 이런 적이 없었다. 아마도 우찬이에게는 자신이 마음속에 있는 것을 있는 그대로 표현했는데도 싸움으로 번지지 않고 일이 커지지 않은 경험은 난생 처음일 것이다.

우리 상담자들은 이런 내담자의 변화를 진정으로 볼 수 있고, 이런 변화가 그 내담자의 인생에서 얼마나 대단한 일인지 진심으로 감탄하고 놀란 적이 있는지, 아니면 '아, 이제 한 고비 넘겼으니 지금까지 내담자의 저항 때문에 하지 못했던 것을 서둘러 해야겠다.'는 마음에 이런 변화를 보지 못하거나 당연한 변화로 받아들이고 내담자의 일생일대 경험을 가볍게 넘기지는 않았는지 스스로에게 질문하고 돌아보아야 한다.

내담자는 지금까지 무의식적으로 또는 습관적으로 익숙해진 삶의 방식이 최선이라고 여기며 살아왔는데, 상담자와의 짧은 만남을 통해 낯설지만 한결 편안한 방식을 경험하고 여태까지 대처해 온 삶의 방식이 좋은 것이 아니었음을 알게 되었다. 앞의 [그림 1]에서 필자가 가설로 세웠던 삶의 상황(즉, 어릴 때부터 반복된 에피소드) 속에서 자신도 모르게 형성된 무의식에 따라 상담실에 와서도 어떤 특정한 반복된 반응(상담받기 싫다고 고래고래 소리 지르며 허공에 발길질을 해 댐)을 보였던 내담자가 상담자와의 면담으로 긴 역사를 가진 무의식적 반응에서 벗어나 순간 자유로워진 경험을 한 것이다. 이는 기어 다니던 아기가 일어나 첫 걸음마를 뗀 것과 같은 놀라운 변화이다. 아니, 어쩌면 아기의 첫 걸음마보다도 더 크고 대단한 변화라고 할 수 있는데, 이처럼 오랫동안 익숙해져 무의식적으로 반응하던 방식에서 어느 순간 방향을 바꾼다는 것은 전혀 다른 차원의 것이기 때문이다.

이러한 내담자의 변화는 상담과정에서 상담자만이 볼 수 있는 귀하고 특별한 사건이다. 상담자가 이 특별한 사건(내담자가 못마땅한 일이 생기면 직접적으로 또는 간접적으로 화를 드러내는 익숙한 반응을 하는 대신에 말로 풀어내고도 싸우거나 일이 커지지 않음을 경험함)을 정확히 볼 수 있고 그 너머에 있는 보이지 않는 마음까지도 감지해 낼 수 있다면, 이 변화가 얼마나 대단한 것인지 더욱 선명하게 알게 될 것이다. 또한 상담자가 상담이론[예: 대상관계 상담이론-내적 표상(internal representation), CBT 상담이론-핵심신념(core belief), Rogers 상담이론-조건화된 가치(conditions of worth)]에 밝을수록 무의식의 경험이 어떻게 단단히 형성되어 내담자를 가두어 왔으며, 지금 여기 상담실에서 상담자와의 만남을 통해 내담자가 어떻게 전혀 다른 새로운 반응(화를 행동으로 드러내지 않고 말로 표현)을 하게 되었는지 깊게 이해할 수 있고 감동받게 될 것이다.

필자는 [그림 1]과 관련이 있는 임상적 가설을 충분히 탐색하고 이야기해 보고 싶었지만, 아쉽게도 '대단한 변화'에 대해 우찬이와 나눈 첫 번째 대화는 이쯤에서 마무리해야 했다. 우선 약속한 면접 시간이 거의 끝나가고 있었고, '대단한 변화'를 내담자와 함께 다루기 위해서는 내담자가 그에 대한 생각과 마음이 열려 있어서 진심으로 다루고자 하는 준비가 충분히 되어 있어야 하는데 우찬이는 그렇지 않았기 때문이다. 그래서 '대단한 변화'를 다루기 위한 첫 번째 시도는 "저도 이상하게 좋아요."라는 내담자의 대답으로 만족하며 마무리했다.

상담자들이 상담이 끝난 후 자신의 상담 내용을 되짚어 보거나 또는 슈퍼비전을 받을 때 "왜 그때 그 이슈를 다루지 않았지? 그 이슈를 좀 더 많이 다루었어야 했는데."라고 뒤늦게 후회할 때가 종종 있다. 그러나 필자의 경험에 의하면 그때가 위기개입의 상황이 아니라면 틀림없이 이후의 회기에서 더 나은 기회가 주어지므로 지금 다루지 못한 것에 대해 너무 아쉬워하지 않기를 바란다. 오늘 지금 여기에서 임상적으로 원하는 것이 충족되지 않은 것은 최고의 조건과 상황이 맞지 않았기 때문인 경우가 많다. 그런 상태에서는 상담을 더 진행하더라도 원하는 효과가 나타나지 않거나, 내담자의 준비도에 비해 상담자가 너무 서둘러서 내담자에게 생각지 못한 상처를 주기도 한다. 그러니 오늘 다루지 못한 것에 대해 후회하거나 자책하는 데 시간을 보내지 말고, 내담자의 '대단한 변화'라는 현상을 보다 구체화해 보고, '이를 내담자와 다룰 수 없었던 이유'를 나열해 보며, '다음에는 기회를 만들어 어떻게 다루겠다는 계획'을 짜는 데 생각을 모으고 시간을 사용할 것을 권한다. 필자도 오늘 더 다루지 못한 것을 아쉬워하는 대신 차후 회기에서 반드시 더 나은 기회가 올 것을 기대하며 우찬이와의 첫 번째 '대단한 변화' 다루기를 마무리하였다.

상담자는 접수면접에서 충분히 내담자의 문제와 내담자가 주호소문제를 경험할 수밖에 없는 사정 또는 이유가 무엇인지 파악하고, 그럼에도 불구하고 그런 힘든 상황에서 잘 버텨 온 내담자의 내면을 이해하는 폭이 점점 커지는 경험을 해야 한다. 이때 상담자는 필요하면 '탐색적 질문'을 통해 내담자가 문제 경험을 할 수밖에 없는 이유를 광범위하게 살펴보고, 특정 인생 사건의 내용에 대한 구체적인 가설이 있는 경우 '확인적 질문'을 통해 확인해 보는 절차를 밟기도 한다. 그 과정에서 상담자가 세운 가설이 맞으면 '공감적 질문'을 통해 그런 상황에서 어떻게 견디며 버텨 왔는지, 어떻게 힘을 내어 살아왔는지 내담자가 경험하고 느껴 왔을 마음을 구체화하여 함께 나누어야 한다. 반면, 상담자가 생각했던 가설이 틀렸으면 내담자 앞에서 정중히 수정하고 보완하는 과정을 거쳐 편견에서 빨리 탈출해야 한다.

03 주호소문제 선택하기

 우찬이의 경우, 준비되어 있는 내담자와 달리 상담자에게 대부분 비언어적 행동(상담실에 도착하자마자 상담에 대한 거부 반응으로 소리 지르고 발길질을 해 댐, 면접 중 긴 침묵과 한숨 그리고 찡그린 표정 등)과 증상(게임 과다사용, 우울과 분노, 학습부진, 관계 악화 등)으로 말을 걸어와 접수면접에서 충분히 개념화되지 않았다. 따라서 필자의 가설([그림 1] 참조)은 치료적 공유를 기다리는 상태로 남아 있었다. 다행스럽게도, 접수면접의 첫 만남 중반 이후에 우찬이가 '대단한 변화'를 보여서 접수면접의 두 번째 만남에서 다음과 같이 상담을 이어 갈 수 있었다.

축어록 #3 ··· 여러 호소문제 중 주호소문제 선택하기

상1: 잘 지냈어요? (내: 네.) 오늘은 삼촌도 엄마도 없이 혼자 오기로 했는데? (내: 네.) 약속은 했지만 혼자 온다는 게 쉬운 일이 아닌데……. 약속시간이 다가오면서 우찬이가 정말 올까 살짝 걱정이 되더라고. 그런데 엘리베이터 문이 열리면서 우찬이 얼굴이 딱 보이는데 되게 반갑더라. 반가워요, 반가워.

내1: (미소를 머금고 어색한 눈빛으로 인사를 하며) 네.

상2: 오늘은 지난번에 이야기한 것처럼 우리가 처음 만났을 때 다

하지 못한 이야기를 마무리하고, 관련된 심리검사를 받기로 하자. (내: 네.) 먼저 지난번에 우리가 함께 했던 이야기 덩어리가 무엇이었는지 한번 확인해 볼까? 지난번에 참 많은 이야기를 했지? (내: 잠시 생각을 하며 고개를 끄덕거림) 지난번에 우찬이와 함께 나눴던 이야기 덩어리를 잠시 같이 정리해 보면 좋겠어. 기억 나는 순서대로 같이 이야기를 정리해 보자. 먼저 요즘 게임을 좀 많이 한다는 이야기 덩어리 하나, 그 다음은 학교 친구들과 간혹 다툰다는 이야기 덩어리 하나, 그 다음은 부모님, 특히 아빠와 자주 부딪힌다고 했던 것도 기억 나네, 또 뭐가 있었지? (내: 잠시 생각에 빠짐) 깊이 아니고 살짝 이야기했는데? (내: 생각나지 않는다는 표정을 지으며 짧은 침묵) 그건 앞으로 공부와 진로는 어떻게 할까 하는 것이었는데. (내: 아, 네.) 정리해 보니 지난번에 우찬이와 나눈 이야기 덩어리는 크게 네 개였던 거 같네. 혹시 지난 한 주 동안 지내면서 네 개의 이야기 덩어리 말고 이야기하지 못했던 다른 거 생각난 건 없었어? (내: 특별히…… 없어요.) 그렇다면 이제…… 지난번에도 이야기했지만 앞으로 주어진 상담시간에 이 모든 걸 다 할 수는 없어. 그래서 네 개의 덩어리 중 어떤 걸 먼저 풀어 볼 건지 정했으면 해. 지난번 만남에서 우찬이는 게임에 대한 덩어리를 먼저 풀고 싶다고 했지? 기억나? 게임을 많이 하는데 줄이고 싶다고 했잖아? (내: 네.) 아직도 그렇게 생각해?

내2: 네, 저는 게임 좀 덜 할 수 있는 뭐 그런 것 좀 상담했으면 해요.

상3: 그렇구나, 우찬이의 마음은 이해해. 요즘도 게임 때문에 엄마와 많이 부딪히지? (내: 네.) 더구나 게임을 할 때는 모르는데 하고 나면 목과 어깨가 아프기도 하니까 말이야. 그런데 우찬이가 고등학교 2학년이잖아. 그래서 선생님은 진학 고민과 공부에 대한 덩어리를 먼저 다루는 게 더 낫지 않을까 하는 생각도 있어. 이제 2학기가 되면 진학을 할 것인지, 아니면 다른 진로를 택할 것인지 어느 정도 결정해야 하는데 그러려면 지금쯤 고민을 충분히 해야 할 것 같거든. 진학과 공부에 대한 이야기 덩어리를 먼저 하는 것에 대해서는 어떻게 생각해?

내3: 진로는 방학 지내고 나면 마음 정리가 될 것 같아요. (상: 아 그래? 그렇게 급하지는 않아?) 네.

상4: 우찬이는 그렇게 생각하는구나. 그럼 친구들과 자주 부딪힌다는 이야기 덩어리는 어때? 그건 게임 이야기보다 더 급하지는 않아? 학교 친구들과도 간혹 다투잖아. 그것 때문에 이렇게 우찬이가 오고 싶지 않은 상담실에 와야 했고. 그래서 그게 더 우선일 것 같기도 한데, 그에 대해서는 어떻게 생각해?

내4: 그 친구들하고는 졸업하면 만나지도 않을건데…… 딱히 잘 지내고 싶은 마음도 없는걸요.

상5: 그렇구나. 졸업하면 그만일 수도 있지만, 그래도 학교에서 마음을 나눌 친구들이 있음 좋잖아. 친구들과의 관계에서 불쑥불쑥 화내는 것도 고민거리가 될 것 같은데, 그건 어때?

내5: 별로 친해지고 싶은 인간이 없어요.

상6: 아, 그래. 선생님이 우찬이의 이야기를 들어 보니 지난번에 우찬이가 힘들다고 한 네 개의 이야기 덩어리 중에서 '게임을

많이 하는 것'에 대해 우선적으로 상담을 하고 싶다는 마음이 확고해 보이네. (내: 고개를 끄덕거림)

호소문제는 내담자의 입장에서 자신의 문제를 진술하는 방식인데, 내담자의 증상이나 호소문제 중에 특정 상담과정에서 초점을 두어야 할 문제를 주호소문제라고 한다(이명우, 2004). 황우찬의 사례에서는 상담자의 탐색을 통해 드러난 네 개의 호소문제 중에서 '인터넷게임 과다사용'이 주호소문제로 뚜렷해졌다. '인터넷게임 과다사용'을 내담자의 주호소문제로 설정하는 것은 비교적 큰 어려움이 없었다. 그 이유는 내담자의 게임 사용 빈도가 정상적인 범주에서 크게 벗어났고, 최근 내담자가 신체적 통증을 느끼면서 자신의 게임 충동을 억제해 보려 해도 통제가 잘 되지 않음을 경험하고 있으며, 이것이 이차적으로 관계 문제(어머니와의 잦은 갈등, 현실세계 친구와의 관계 유지의 어려움)와 현재의 학교생활에 지장을 초래하기 때문이다. 또한 접수면접의 첫 만남에서 이미 내담자가 이 문제에 대해 상담하고 싶어 하는 마음을 드러냈기 때문이다.

접수면접의 첫 만남에서 이미 내담자가 인터넷게임 과다사용 문제를 상담하고 싶어 하는 마음을 드러냈음에도 불구하고 필자가 다른 호소문제보다 먼저 다뤄야 할 주호소문제를 신중히 선택한 데에는 다음과 같은 이유가 있었다. 필자는 내담자의 학교로부터 10회 상담을 의뢰받았고, 접수면접 2회가 그 횟수에 포함되어 있어 실제 상담은 8회로 운영해야 했다. 따라서 필자는 단기의 상담 동안 상담의 효율성을 높이기 위해 무엇을 주호소문제로 선정할 것인가 고민하였다. 이명우(2004)가 제안한 '가장 먼저 나온 것' '가장 중요하게 생각하는 것' '가장 관심이 있는 것' '가장 시급한 것' '가장 힘든 것' 'DSM 진단기준' 등에 따라 우선순위를 고려한 결과, 필자는 관계 문제(친구), 진로-학업 문제, 인터넷게임 과다사용 문제 순으로 초점을 두었다. 물론 모든 호소문제를 해결할 때까지 상담을 진행할 수 있는 여건이라면 순차적으로 ① 관계 문제(친구), ② 인터넷게임 과다사용 문제, ③ 진로-학업 문제, ④ 관계 문제(부모)를 다루는 것이 좋다. 그러나 제한된 상담 횟수와 부족한 내담자의 준비도 등 현실적 여건을 고려해 볼 때, 표면적으로 학교 친구와의 갈등으로 문제를 일으켜 상담에 의뢰되었기에 '가장 관심이 있는 것'인 관계 문제(친구)를 먼저 다루고, 그다음으로 고2 학생에게 '가장 시급한 것'인 진로-학업 문제에 현실적 조력을 제공하여 상담을 최대한 경험할 수 있도록 안내하고자 했다. 그리고 내담자의 입장에서 호소문제의 위계 중 상위에 있는 '가장 힘든 것'인 '관계 문제(부모)'는 짧은 시간 안에 상담의 효과를 보기 어려운 영역이므로 그 순서를 가장 나중으로 생각했다. 접수면접의 첫 만남이 끝날 무렵 우찬이가 호소문제의 위계 중에서 차상위에 해당하는 '인터넷게임 과다사용 문제'를 해결하고 싶다고 했을 때 필자는 상당히 반가웠지만, 그럼에도 불구하고 두 번째 면접시간에 '가장 시급한 것'인 진로-학업 문제(〈축어록 #3〉의 상3 참조)와 '가장 관심이 있는 것'인 친구와의 관계 문제(〈축어록 #3〉의 상4 참조)를 충분히 재검토할 수 있는 시간을 가졌다. 이렇게 호소문제들을 충분히 재검토한 후 주호소문제를 선택하면 내담자의 상담에 대한 동기를 최대한으로 끌어올릴 수 있다.

상담을 진행하다가 상담 중기 이후에 주호소문제에 대한 상담자와 내담자 간의 시각 차이로 인해 상담이 한동안 교착 상태에 빠지는 경우를 볼 때가 있다. 이런 경우는 대부분 상담에 대한 준비도가 낮아 언어로 잘 표현하지 않는 내담자가 상담자가 선정한 주호소문제에 암묵적으로 동의했다고 생각하고 상담을 진행하다가 상담 중반에 접어들어 내담자와 상담자의 생각이 다름을 발견하면서 일어난다. 따라서 내담자가 상담에 대한 준비도가 낮아 언어로 문제를 호소하지 않더라도 상담자는 내담자의 증상을 관찰하여 그와 관련된 불편함과 아픔을 내담자가 충분히 토로할 수 있도록 한 후, 그것을 객관적으로 유목화하여 위계를 정하고 현재의 주어진 상담 여건하에서 무엇을 먼저 다룰 것인지 고민해야만 한다.

또한 이런 과정은 내담자에게 성장할 기회를 제공하기도 한다. 내담자는 '상담자는 먼저 다뤄야 할 문제가 무엇인지에 대해 내담자와 협의한다'(이명우, 2004)는 원칙을 준수하려는 상담자와 함께 주호소문제를 선택하는 절차를 충실히 밟는 과정에서 말의 앞뒤가 없이 횡설수설하던 자신이 어느새 조리 있게 말하고 있음을 체험하기 때문이다. 그렇다면 내담자는 왜 말을 앞뒤 없이, 조리 없게 하는 걸까?

내담자는 진짜 말하고 싶은 것을 말하지 못하고 풀어야 할 것들을 마음속에 묻어만 두다가 의식 저 너머에 있는, 본인도 잘 모르는 감정의 덩어리에 파묻혀 동동거리면서 주어진 삶을 살아내기 위해 애써 왔기 때문이다. 그렇게 마음이 아픈 내담자가 자신이 살아오면서 상담자와 같이 마음이 통하거나 통할 것 같은 느낌을 주는 사람을 처음으로 만나 혼란스러운 와중에 자신의 마음을 끄집어내다 보니 말의 앞뒤가 없이 횡설수설하는 것처럼 보이는 것이다. 상담을 하다 보면 내담자의 앞뒤 없는 말이 생각보다 길어질 때가 있는데, 이것은 내담자가 상담자가 세운 가설보다 더 깊숙한 감정의 덩어리에 훨씬 더 긴 시간 동안 파묻혀 있었다는 것을 의미한다. 그럼에도 내담자는 상담자가 보여 주는 소소한 친절에 의지하여 무의식 깊이 묻어 둔 감정의 덩어리에 차츰차츰 다가가면서 앞뒤가 없는 말을 하는 것으로 반응을 보인다. 내담자는 묻어 둔 그 감정에 접촉하려고 할 때마다 오히려 분란이 더 크게 일어났던 경험을 했기 때문에 상담을 받는 지금도 그렇지 않을까 지레 걱정을 하면서도 결코 물러서지 않고 조리 없는 말일지라도 버벅거리면서 조심스럽게 토로하기 시작한다. 그리고 점차 말로 토로하는 것의 시원함을 경험하며 상담자의 안내에 따라 전에는 결코 하지 못한, 큰 줄기의 전경과 배경을 앞뒤가 있는 말로 정리해 내는 모습을 보인다. 이 얼마나 놀라운 성장인가!

04 반복적인 부적응 패턴 파악하기

　세상의 문제는 늘 존재하는 것이 아니다. 하지만 내담자나 보호자가 상담실에 와서 호소하는 것을 듣다 보면, '이 내담자는 항상 이런 문제를 겪는구나.' 하는 착각이 든다. 정확히 말하자면, 내담자가 항상 문제를 경험하는 것이 아니라 내담자에게 어떤 특정한 조건이 성립되면(촉발요인) 특정한 호소문제가 빈번히 발생하는 것이다. 그러나 내담자는 자신의 아픔(호소문제)에 빠져 있어서 어떤 상황일 때(촉발요인) 특정 문제를 빈번히 경험하는지 잘 모른다. 마찬가지로 보호자도 내담자의 호소문제에 대응하느라 지쳐서 어떤 경우에 빈번히 문제가 일어나는지 잘 모른다. 상담자 또한 이런 내담자와 보호자의 호소에 자연스럽게 '이 내담자는 그냥 문제 덩어리 자체구나.' 하는 결론에 이르게 된다.

　상담자가 내담자의 문제가 시작된 시점과 관련 있는 문제사를 통해서 촉발요인을 구체화하는 훈련이 되어 있지 않으면, 통찰이 있는 상담자라 할지라도 촉발요인을 어중간하게 파악하게되고, 이어서 촉발요인-호소문제의 맥락이 흐릿해지며, 최종적으로 내담자의 부적응적 패턴을 정확히 파악하지 못하게 된다. 따라서 사례개념화의 구성요소(이명우, 2004, 2017) 중 촉발요인과 호소문제의 관계 분석을 통해 부적응적 패턴을 구체화함으로써 내담자의 복잡한 문제 현상을 핵심 골격 중심으로 선명하게 파악하는 것은 대단히 중요하다([그림 3] 참조). 선명하게 드러난 촉발요인과 호소문제(또는 주호소문제)를 인과의 맥락 속에서 보면 그동안 문제의 복잡함에 가려져서 보이지 않던 핵심 골격, 즉 내담자의 반복적인 반응패턴(또는 부적응적 패턴)이 정확히 보일 것이다.

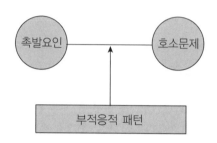

[그림 3] 촉발요인-호소문제의 관계 분석

관심을 갖고 내담자를 관찰하면 내담자의 변화와 문제의 촉발요인을 선명하게 알아볼 수 있다. 그렇게 할 수 있으려면 평상시에 일상의 사소한 일들에 관심을 갖고 관찰하는 훈련을 해야 한다. 시간적 여유가 있다면 사람들이 많이 오가는 곳에 잠시 머물며 사람들을 관찰해 보자. 먼저 주변을 둘러보고, 마주 보며 무언가를 이야기하는 두 사람을 선택한다. 그 두 사람 중에 관심이 가는 한 사람을 선택한 후 그 사람의 얼굴 표정과 몸짓의 변화에 집중해 보면, 두 사람이 나누는 대화 소리는 안 들려도 분위기와 표정, 몸짓을 통해 그 사람의 변화를 볼 수 있을 것이다. 특히 선택한 사람이 보이는 변화 중에서 기복이 심했던 한 장면을 사진 찍듯 마음에 저장하고, 그 사람은 어떤 조건(또는 상황)에서 자주 업(up)이 되거나 다운(down)이 될지, 그 업과 다운의 모양과 강도가 어느 정도일지, 현재의 업과 다운의 모양과 강도에 영향을 줄 만한 그 사람의 과거의 삶은 어떠할지 생각하며 흥미로운 이야기를 구성해 본다. 일상생활에서 자주 접함에도 그냥 스쳐 지나가기 쉬운 장면이지만, 그 한 장면을 집중해 들여다보고 생각해 보면 일차원의 한 점(이야기하는 두 사람 중 한 사람, 마음으로 찍은 장면)이 이차원의 선(어떤 특정 조건/상황이 되자 업 또는 다운된 현상, 특정 조건이 있은 후 그 사람의 얼굴 표정과 몸짓의 변화가 있음)으로, 그리고 다시 삼차원의 공간(현재 그 사람의 업 또는 다운의 모양과 강도에 영향을 준 과거의 삶)으로 점점 차원을 넓혀 가면서 그 사람의 변화를 더 잘 알아챌 수 있다. 현재의 한 장면을 아무 생각 없이 흘려보내면 하나의 점에 불과하지만 정성을 다해 관찰하고 들여다보면 그 사람의 현재, 과거 그리고 미래의 삶까지 다차원이 펼쳐진다.

자, 이제 〈표 1〉의 어머니의 전화접수 내용 중에서 우찬이와 어머니 두 사람을 선택하고, 그중에 우찬이의 변화에 집중해 보자. 우찬이의 경우 최근 '얼굴 표정과 몸짓의 변화'가 뚜렷하게 나타난 곳이 두 군데 있는데, 다음에 제시된 내용에서 그 결정적인 두 군데를 찾아 체크해 보라. 그 두 군데를 찾아 답할 때까지 되도록이면 답을 가리고 보지 말 것을 권한다. 처음에는 잘 보이지 않지만 이런 훈련을 지속적으로 하다 보면 내담자의 변화를 선명하게 볼 수 있게 된다. 그런 연습을 여기에서 해 본다는 마음으로 답을 찾아보자.

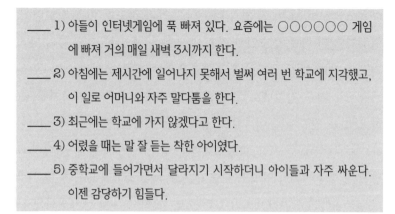

_____ 1) 아들이 인터넷게임에 푹 빠져 있다. 요즘에는 ○○○○○○ 게임
에 빠져 거의 매일 새벽 3시까지 한다.

_____ 2) 아침에는 제시간에 일어나지 못해서 벌써 여러 번 학교에 지각했고,
이 일로 어머니와 자주 말다툼을 한다.

_____ 3) 최근에는 학교에 가지 않겠다고 한다.

_____ 4) 어렸을 때는 말 잘 듣는 착한 아이였다.

_____ 5) 중학교에 들어가면서 달라지기 시작하더니 아이들과 자주 싸운다.
이젠 감당하기 힘들다.

답은 2)번 "아침에는 제시간에 일어나지 못해서 벌써 여러 번 학
교에 지각했고, 이 일로 어머니와 자주 말다툼을 한다."와 3)번 "최
근에는 학교에 가지 않겠다고 한다."이다. 2)번과 3)번에서는 어떤
특정 조건이나 상황이 있은 후 우찬이가 업 또는 다운된 현상(얼굴
표정과 몸짓의 변화)이 뚜렷하게 나타난다.

그렇다면 왜 1)번과 4)번, 5)번은 답이 되지 않는지 살펴보자.

1) "아들이 인터넷게임에 푹 빠져 있다. 요즘에는 ○○○○○
○ 게임에 빠져 거의 매일 새벽 3시까지 한다."는 조건이나 상황이
우찬이와 어머니 두 사람인지 아닌지 알 수 없어서 답이 될 수 없
다. 1)번이 답이 되려면 '어머니와 한바탕 싸운 저녁에는 게임을 늦
게까지 한다.'는 상황이 있어야 한다.

4) "어렸을 때는 말 잘 듣는 착한 아이였다."는 지금 현재가 아닌
과거의 일반적인 현상이라서 답이 아니다.

5) "중학교에 들어가면서 달라지기 시작하더니 아이들과 자주
싸운다. 이젠 감당하기 힘들다."는 우찬이와 학교 친구(아이들과 자

주 싸운다) 사이에 일어나는 현상이라서 답이 될 수 없다. '이제 감당하기 힘들다'는 우찬이와 어머니 두 사람 사이의 일이 맞지만, 초점이 우찬이가 아닌 어머니에게 있으므로 답이 아니다.

이제 우찬이가 특히 어떤 조건(또는 상황)에서 자주 업이 되거나 다운이 되는지, 그 업과 다운의 모양과 강도가 어떠한지 살펴보자. 2)번(아침에는 제시간에 일어나지 못해서 벌써 여러 번 학교에 지각했고, 이 일로 어머니와 자주 말다툼을 한다)과 3)번(최근에는 학교에 가지 않겠다고 한다)을 통해 어떤 특정 조건이나 상황이 있은 후 우찬이에게 업 또는 다운되는 현상이 어떤 모양과 강도로 일어났는지 보다 쉽게 추론하기 위해 〈추론박스 1〉과 같이 정리해 보았다.

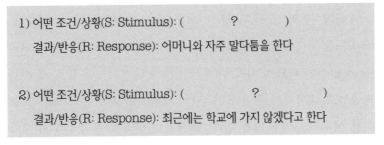

1) 어떤 조건/상황(S: Stimulus): (?   )
　결과/반응(R: Response): 어머니와 자주 말다툼을 한다

2) 어떤 조건/상황(S: Stimulus): (?   )
　결과/반응(R: Response): 최근에는 학교에 가지 않겠다고 한다

〈추론박스 1〉 조건/상황–결과/반응 분석

〈추론박스 1〉에서 1)번과 2)번의 물음표가 표시된 빈칸은 모두 어머니가 우찬이에게 "제시간에 일어나 지각하지 말고 학교에 가라."라고 '종용하는' 조건 또는 상황이 있었을 것이다. 이런 조건이나 상황일 때 우찬이는 조용히 자기만의 세계로 숨어들지도 않고(회피), 어머니의 기분이나 눈치를 살피지도 않으며(의존), 노골적으로 학교에 가지 않겠다고 말다툼하는 '공격'의 모양으로, '자주'의

강도로 어머니를 대한다고 볼 수 있다. 또한 이런 패턴은 어머니와 우찬이의 관계에서뿐만 아니라 학교 친구들과 우찬이의 관계(중학교에 들어가면서 달라지기 시작하더니 아이들과 자주 싸운다)에서도 반복적으로 빈번히 나타나고 있다. 이렇게 어머니/친구들과의 관계에서 공격적 패턴이 나타나는 것으로 보아, 〈표 1〉의 어머니의 전화접수 내용에 해당 관련 정보가 없어서 정확히 알 수 없지만 우찬이는 '본인이 원하지 않거나 마음이 내키지 않는 뭔가를 하라는 종용을 받을 때'와 같은 조건과 상황이 전개되면 학교 선생님이나 아버지에게도 공격적 패턴을 보일 가능성이 높다. 물론 이때 상대방이 자기보다 더 힘이 있다고 생각되면 직접적이 아닌 간접적인 형태의 수동공격적 패턴을 보일 것으로 예상된다.

이렇게 앞의 조건/상황(S: Stimulus)과 뒤의 결과/반응(R: Response)의 관계를 설명하는 내담자의 부적응적 패턴이 드러나면, 상담자는 필요에 따라 탐색적 질문과 확인적 질문을 통해 이를 확증하고 내담자와 공유하면 된다. 내담자의 부적응적 패턴을 확인한 이후부터는 비교적 쉽다. 내담자의 현재의 업과 다운의 모양과 강도에 영향을 줄 만한 과거의 삶은 어떠했는지에 대한 내담자의 이야기를 들으며 내담자가 그럴 수밖에 없었던 의식 너머에 있는 마음을 찾으려고 노력하면 되기 때문이다.

다시 우찬이와의 접수면접이 이루어진 두 번째 만남으로 돌아가 보자. 필자는 [그림 1] '황우찬의 사례개념화 밑그림'에서 내담자에게 '마음에 들지 않는 어떤 상황이 전개'되면 인터넷 과다사용 문제(인터넷게임에 푹 빠져 있다), 학교적응 문제(학교에 가지 않겠다, 여러 번 학교에 지각했다), 관계 문제(다른 아이들과 자주 싸운다, 어머니와 자주 말다툼을 한다)가 빈번히 드러날 것으로 예상하였다. 내담자가 자발적으로 상담실에 온 것이 아니기 때문에 필자는 이 초기의 가설에서 내담자가 보이는 증상만으로 호소문제를 예상했는데, 접수면접의 첫 만남에서 내담자를 통해 그것이 거의 대부분 일치하는 것으로 나타났다. 즉, 증상으로 전달된 호소문제가 나중에 내담자의 언어로 인터넷 과다사용은 '게임 과다사용'으로, 학교적응 문제는 '진로 및 학업 문제'로, 관계 문제는 '친구 및 부모와의 관계 문제'로 모두 호소되었다. 이때 필자는 내담자가 호소하는 문제를 항상 경험하는 것이 아니라 특정한 상황이나 조건이 되었을 때 해당 증상과 문제가 더 선명해짐을 알 수 있었고, 따라서 상담자가 세운 가설을 다음의 축어록에서처럼 내담자와 공유하려고 노력하였다. 왜냐하면 사례개념화는 상담자만 알고 있거나 슈퍼비전을 할 때만 사용하는 것이 아니라 상담개입을 효율적으로 진행하기 위해서 하는 것이고, 따라서 개념화를 통하여 반드시 내담자와 함께 하는 협력의 과정이 수반되어야 하기 때문이다(이명우, 2017; 이명우, 박정민, 이문희, 임영선, 2005).

축어록 #4 ⋯ **호소문제의 촉발요인 탐색**

상1: 그런데 말이야. 우찬이가 지난주에 여러 고민을 이것저것 많이 이야기했잖아. (내: 고개를 끄덕거림) 우찬이도 그때 고민거리를 이야기하면서 중간중간 눈치를 챘을 것 같은데, 네 개의 고민 덩어리가 항상 우찬이를 따라다니지는 않더라. 글쎄 기복이 있다고나 할까, 어떤 때는 아주 심각할 정도로 고민에 빠지고, 또 어떤 때는 훨씬 덜하고 말이지. 간혹 아주 간혹 분위기가 좋게 펼쳐지면 힘들었던 그 문제가 일순간 없어지기도 하고……. 우찬이의 고민에는 기복이 있다고 하는 선생님의 생각에 동의해?

내1: 아, 네, 늘 똑같이 그런 것은 아니죠.

상2: 동의하는구나. 그럼 그게 뭐 때문일까? 어떤 상황이나 조건이 되면 게임도 훨씬 더 많이 하게 되고, 고등학생으로 해야 할 여러 가지 일도 그냥 안 하게 되고, 친구나 부모님과의 관계가 막 틀어지고 하는지 말이야. 도대체 우찬이가 어떤 상황이나 조건을 만나면 그렇게 될까? 선생님이 하는 말, 무슨 말인지 이해해?

내2: 이해는 가는데…… 왜 그런지는 모르겠어요.

상3: 어떤 상황이 되면 우찬이가 지난주에 털어놓은 그런 힘든 일이 막 생기지? (내: 고개를 끄덕거림). 뭔가 알 것 같기도 한데, 한마디로 이야기하기는 쉽지 않지? (내: 네.) 선생님이 우찬이 고민들을 직접 들어 보니까 내 생각에는 말이지, 우찬이에게 뭔가 마음에 들지 않는 상황이 펼쳐지면 그런 힘든 일들이 자주 생기는 것 같아. 지난주에도 봐. 엄마와 삼촌한테 이끌려서 상담실에 왔지? 그때 그 상황이 아주 마음에 들지 않았지? 그 일로 여기에서 어머니랑 한참 실랑이했잖아. 그리고 우찬이가 보기에 반 아이들이 말이 안 되는 행동을 하면 그럴 때도 한바탕 싸우더라고. 또 지난번에 학교 가기 싫다고 막 그럴 때도 그 전날 선생님한테 우찬이가 보기엔 말도 안 되는 이유로 야단맞았다면서? 어때? 우찬이 마음에 들지 않는 일을 만날 때마다 우찬이가 버럭 화부터 내는 것 같지 않니?

내3: 네, 그런 것 같네요. 그럴 때마다 제가 개빡쳐요. (상: 그럴 때마다 힘든 일이 생겼지?) 네.

상4: 그랬네. 그런데 우찬이가 상담하기로 한 게임 문제는 어떠니? 마음에 들지 않는 빡치는 일이 생기면 게임을 더 많이 하니?

내4: 네, 주로 학교에서 빡치는 일이 있으면 게임을 많이 해요. (잠시 생각에 잠기더니) 그러네요. 그럴 때 제가 많이 하는 것 같네요.

상5: 내가 보기에도 우찬이가 항상 게임을 늦게까지 많이 하는 건 아닌 것 같더라. 지난주 화요일쯤이었던 것 같은데, 그때 학교 안 간다고 엄마랑 대판 싸웠던 그날 말이야. 결국 학교 하루 빼먹었지? (내: 네.) 그날 뭐 했다고 했더라? 아, 게임했다고 했지?

내5: 네, PC방에서…… 종일 했어요.

〈축어록 #4〉에서 볼 수 있듯이, 상담자는 내담자의 호소문제를 탐색하는 과정에서 적절한 흐름에 맞춰 순차적으로 촉발요인을 분명히 확인하는 단계를 거쳐야 한다. 우찬이는 접수면접의 첫 만남에서 비언어적으로, 언어적으로 매우 많은 이야기를 쏟아 냈었다. 필자는 접수면접의 두 번째 만남을 앞두고, 우찬이가 했던 많은 이야기를 종합적으로 정리하면서 내담자의 호소문제가 [그림 1]에서 세운 가설에서 크게 벗어나지 않음을 다시 확인할 수 있었다. 내담자가 호소한 네 개 묶음의 호소문제들을 일으키는 특정한 상황과 조건은 호소문제의 내용과 맥락에 따라 조금씩 다르게 표현되었지만, 이를 내담자와 공유할 수 있는 적절한 언어로 표현해 보니 '마음에 들지 않는 상황 전개'로 귀결되었다. 〈축어록 #4〉에서 볼 수 있듯이 이렇게 촉발요인을 '마음에 들지 않는 상황 전개'로 명명하자 실제 상담에서 내담자가 그것을 경험적으로 더 잘 이해하는 데 도움이 되었다.

또 한 가지 흥미로운 것은 필자가 내담자와 함께 촉발요인을 구체화하는 과정에서 촉발요인과 호소문제 간의 연결이 뚜렷해질수록 내담자의 인상이 점점 부드러워진다고 느낀 것인데, 상담관계가 단단히 형성된 후에 상담자의 가설을 확인한 결과 이는 사실이었다. 우찬이는 그렇지 않아도 주변 사람들이 자신을 문제아로 보고 있는데 순순히 상담을 받겠다고 하면 그것을 공공연히 인정하는 것 같아서 상담실에 와서 격렬히 상담을 거부했었다고 이야기했다. 또한 자기 자신도 마음속 깊은 곳에서는 스스로를 구제불능 문제 덩어리로 생각하고 있었는데, 상담을 받으면 이를 스스로 인정하게 될까 봐 두려웠다고 했다. 그런데 필자와 함께 호소문제와 관련된 촉발요인을 탐색하면서 '내가 문제 덩어리 자체가 아니고, 나한테는 네 개의 문제 덩어리만 있을 뿐 나머지는 그렇지 않다.'는 것을 알게 되었고, '그 네 개의 문제 덩어리도 특정한 상황이 될 때만 나타난다.'는 것을 깨닫게 되자 그동안의 마음속 긴장이 서서히 풀렸다고 했다.

이제 내담자의 '마음에 들지 않는' 어떤 상황이 전개되면 반복적으로 네 개의 문제 덩어리가 빈번히 증상으로 드러난다는 맥락적 정보를 바탕으로 내담자의 경험세계를 보다 입체적으로 깊이 있게 살펴보아야 한다. 필자는 내담자가 특정한 조건과 상황이 되면 반복적으로 문제 행동을 할 수밖에 없었던, 그 묻어 둔 마음의 근원을 찾기 위해 내담자와 함께 다음의 상담으로 이어 갔다.

상1: 선생님이 또 하나 확인하고 싶은 게 있는데, 뭔지 들어 볼래? (내: 네.) 지난 시간에 우찬이가 '화를 내지 않고 말로 표현하는' 것이 처음이라고 했어. 속에 담고 있던 걸 말로 표현해도 싸움이 일어나지 않는 이상한 경험에 대해서 말이야. 기억나? (여전히 멋쩍은 웃음과 더불어 고개를 끄덕거림) 생각나는구나. 그럼 그걸 간단히 다시 표현할 수 있겠어? (내: 머뭇거림) 한번 해 보면 좋겠는데.

내1: 마음속에 있는 말을 해도 괜찮다는 경험, 뭐 그 정도~.

상2: 그래 맞아, 지난 시간에 그런 경험을 했지. 내가 오늘 확인하고 싶은 것은 이건 아니고. 지난번처럼 마음속에 있는 화나 억울한 심정을 말로 잘 풀어낼 수 있는 우찬이가…… 어떤 마음에 들지 않는 상황이 생기면 그날은 게임을 많이 하는데 그것도 과격한 게임을 더 많이 하는 것 같거든. 또 부모님이나 반 아이들과 부딪히는 일도 많이 생기고, 학교도 빼먹고. 그렇지? (내: 네.) 이런 걸…… 간단하게 말해 보자면…… 우찬이는 '마음에 들지 않는' 일이 벌어지면 '뾰족한 가시'를 세우고 너의 억울함을 막 표현하는 것 같아. (내: 제가요?) 물론 '뾰족한 가시'를 노골적으로 드러내면 뒷감당이 잘 안될 것 같을 때는 다른 형태로 다른 곳에 풀기도 하지만, 대체로 그런 것 같은데? 선생님이 우찬이를 그렇게 보고 있는데, 맞아?

내2: 뭐 딱히……. 그런 것 같기도 하고요.

상3: 이렇게 설명하면 이해가 더 잘 될까?…… 우찬이 마음에 들지 않는 상황이 벌어졌어. 그럴 때 우찬이는 그 상황을 잘 풀기 위해 좀 힘이 될 것 같은 사람들의 눈에 잘 보이려고 애쓸 수도 있고, 또 그냥 뒤로 물러서서 혼자 속상해하면서 끙끙거릴 수도 있어. 그런데 우찬이는 마음에 들지 않은 상황을 만나면, 그렇게 하지 않고 대체로 '뾰족한 가시'를 세우고 싸우자고 하는 것 같단 말이지.

내3: (다소 숙연한 모습으로 상담실 바닥과 천장, 벽을 번갈아 바라보더니) 네…… 제가 주로 그렇게 하는 편이네요.

상담자가 내담자 문제에 대한 개념화를 가슴에서 깊게 이해할수록 내담자가 어려운 여건에서도 매 순간 보이는 변화에 감동하게 된다. 〈축어록 #5〉에서 필자는 내담자의 대단한 변화를 보았지만, 상담의 초점을 잃을 수 있어 내담자와의 관계에서 그것을 직접적으로 다루지는 않았다. 그렇다면 이 축어록에서 내담자가 보인 '대단한 변화'가 무엇인지 살펴보도록 하자.

내담자가 보인 '대단한 변화'는 바로 에너지 흐름의 방향이 바뀌었다는 것이다. 우찬이는 힘든 상황이 벌어질 때마다 "저 사람들이 그래서 그래." 또는 "그 상황들이 그래서 그렇다고."라는 내면의 소리에 따라 바깥을 향해 화를 내고, 전혀 바꿀 수도 없고 통제할 수도 없는 그 대상들(사람 또는 환경)을 바꾸어 보려고 애쓰다가 결국 지쳐 버린 상태였다. 그런 내담자가 필자와 대화를 하면서 서서히 거리를 두고 자신의 모습을 보게 되었고, 자신의 모습 전체가 문제 덩어리가 아니라 단지 몇 개의 문제 덩어리가 있을 뿐이며, 그 문제들도 항상 경험하는 것이 아니라 어떤 특정한 조건이나 상황이 되었을 때 부분적으로 나타난다는 것을 알게 되었다. 그리고 더 나아가 내담자가 특정한 조건이 되었을 때 반복적으로 보이는 자신의 부적응적 반응 패턴을 깨닫는 순간, 자신이 문제 행동을 하는 것이 전적으로 외부의 대상이나 상황 때문이 아니라 거기에 자신의 몫도 있음을 인정하게 된 것이다.

실제 상담 장면에서는 〈축어록 #5〉의 내2(뭐 딱히……. 그런 것 같기도 하고요.)와 내3[(다소 숙연한 모습으로 상담실 바닥과 천장, 벽을 번갈아 바라보더니) 네…… 제가 주로 그렇게 하는 편이네요.]에서와 같이 내담자가 진심으로 이를 깨닫고 인정하기까지 많은 시간이 걸린다. 이 축어록에서 우찬이는 비교적 빠르게 통찰이 이루어졌는데, 필자의 상담 경험에 의하면 공격적인 부적응 패턴을 보이는 내담자는 다른 부적응적 패턴에 비해 이와 같은 변화가 빨리 일어난다. 공격적인 부적응 패턴을 보이는 내담자는 내담자가 공격적인 태도를 취할 때 주변 사람들이 거의 자동적으로 같이 싸우자고 달려들거나 아니면 무섭고 상대하기 싫다고 피하는 경우가 많다. 그런데 내담자의 이런 평상시 경험과 달리 상담자는 내담자가 그렇게 행동할 수밖에 없는 이유를 찾아내 내담자를 깊이 이해해 주려고 애를 쓴다. 내담자는 그런 상담자의 진정성에 감동을 받고 지금까지 외부로 향했던 불만의 에너지를 긍정의 에너지로 전환하기 때문에 비교적 빠른 임상적 변화가 나타나는 것으로 보인다.

이렇게 내담자가 자신의 패턴을 금방 깨닫는 경우에는 상담자가 비교적 쉽게 내담자와 부적응 패턴을 공유할 수 있다. 상담자가 일반적인 상담개입을 하고 나서 "내가 보기에는 그럴 때마다 지난번에 이야기한 A 사건과 비슷하게 반응(공격적 패턴 또는 상징적 표현인 '뾰족한 가시')하는 것 같은데, ○○ 씨의 생각은 어떠세요?"와 같이 질문하면서 부적응 패턴을 다루면 된다. 내담자가 자신의 호소 너머에 있는 패턴을 어렴풋이 보기 시작하는 경우라면 "○○ 씨도 인정했듯이 그럴 때마다 반복적으로 이런 패턴으로 반응하는군요. 이런 패턴을 보였던 경험이 있을 것 같은데요, 지금 떠오르는 것이 있나요?"와 같은 질문을 통해 심층적 탐색으로 이어 가면 된다.

그러나 때로 상담자들은 오랫동안 상처에 노출되고 심리적 아픔의 깊이도 매우 깊어 매 상담 회기마다 자신의 아픔만을 호소하는 내담자를 만나기도 하는데, 이런 내담자는 자신의 아픔만을 호소하느라 반복적으로 반응하는(부적응적 패턴) 자신의 모습을 전혀 보지 못한다. 이때 상담자가 내담자가 쏟아내는 호소에 파묻혀 같이 허우적거리다 보면, 부적응적 패턴을 찾아내는 훈련을 충분히 했어도 어느 순간 촉발요인과 호소문제 관계에서 반복적으로 나타나는 패턴을 놓치기 쉽다. 따라서 상담자가 [그림 1] '황우찬의 사례개념화 밑그림'에 제시되어 있는 것처럼 초기의 작은 단서로 가설을 세워 내담자 아픔의 골격을 파악하고, [그림 3] '촉발요인-호소문제의 관계 분석'과 〈추론박스 1〉 '조건/상황-결과/반응 분석'에서와 같이 하나의 작은 점인 핵심 정보를 맥락적 관계에서 구체화할 수 있어야, 상담 장면에서 놓치지 않고 초점을 맞춰 내담자의 복잡한 호소 너머에 있는 패턴을 찾을 수 있고 그것을 내담자와 공유할 수 있다는 점을 명심하자.

상담자로서의 필자의 경험에 의하면, 내담자의 부적응적 패턴은 공격, 의존, 회피 패턴 중 하나를 취한다(이명우, 2017; 이명우 역, 2015). 비교적 심리적으로 건강한 사람은 상황에 따라 이 세 개의 패턴을 적절히 혼용한다. 심리적으로 건강하더라도 융통성이 부족한 사람은 주어지는 상황과 상관없이 특정한 하나의 패턴만을 고집하는 경우가 종종 있다. 그러나 문제 상황에 오랫동안 노출되어 힘들어하는 내담자는 특정한 반응 패턴이 이미 내면화되어 있어 상황에 따라 적절한 반응을 하지 못한다. 이렇게 내면화된 특정한 반응은 특정한 조건과 상황에 관계없이 반복적으로 나타나는데, 내담자의 문제가 심각할수록 전형적으로 공격적 패턴 또는 회피적 패턴을 보인다.

같은 공격적 패턴이라도 갑작스럽게 심한 심리적 상처를 입은 내담자는 굵은 직선 형태의 공격적 패턴을 일관성 있게 드러낼 때가 많고, 장기간 만성적으로 심리적 상처에 노출된 내담자는 오랫동안 회피적 패턴을 보이다가 특정한 에피소드 경험을 변곡점 삼아 서서히 공격적 패턴으로 전환될 때가 많다([그림 4] 참조). 회피적 패턴의 경우에도 갑작스러운 심리적 상처를 받은 내담자는 처음부터 일관성 있게 굵은 직선 형태의 회피적 패턴을 보이고, 만성적으로 심리적 상처에 노출된 내담자는 의존적 패턴에 오랫동안 머물다가 어떤 특정한 에피소드 경험을 변곡점 삼아 서서히 회피적 패턴으로 전환되거나 잠시 수동공격적 패턴을 보이다가 서서히 회피적 패턴으로 전환될 때가 많다([그림 5] 참조).

사례개념화를 기반으로 한 초기면접에서 필자와 내담자의 대화를 살펴보면 다른 일반적인 상담자와 내담자의 상담 대화와는 좀 다르다고 느낄 수 있는 부분이 있을 것이다. 예를 들면, "선생님이

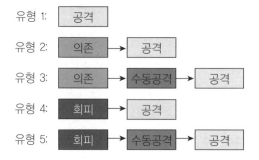

[그림 4] 심각한 심리적 문제가 있는 내담자가 공격적
패턴을 보일 때 드러내는 전형적 유형

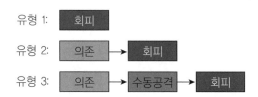

[그림 5] 심각한 심리적 문제가 있는 내담자가 회피적
패턴을 보일 때 드러내는 전형적 유형

우찬이 고민들을 직접 들어 보니까 내 생각에는 말이지, 우찬이에
게 뭔가 마음에 들지 않는 상황이 펼쳐지면 그런 힘든 일들이 자주
생기는 것 같아. 지난주에도 봐. 엄마와 삼촌한테 이끌려서 상담
실에 왔지? 그때 그 상황이 아주 마음에 들지 않는 상황이었지? 그
일로 여기에서 어머니랑 한참 실랑이했잖아. 그리고 우찬이가 보
기에 반 아이들이 말이 안 되는 행동을 하면 그럴 때도 한바탕 싸
우더라고. 또 지난번에 학교 가기 싫다고 막 그럴 때도 그 전날 선
생님한테 우찬이가 보기엔 말도 안 되는 이유로 야단맞았다면서?
어때? 우찬이 마음에 들지 않는 일을 만날 때마다 우찬이가 버럭 화부터 내는 것 같지 않니?"와 같은 대화 말이다. 그것은 필자가 지금까지 내담자가 비언어적으로 보여 주거나 언어로 호소한 에피소드 내용에서 촉발요인(마음에 들지 않는 일을 만날 때마다)과 호소문제(버럭 화부터 내는 것)를 찾고 그 관계 맥락에서 세운 임상적 가설을 내담자에게 확인하는 대화이기 때문이다.

상담자들이 초기면접에서 내담자가 심리적으로 아픔을 호소하는 에피소드에 집중하다가 촉발요인-호소문제 관계의 맥락을 놓치는 경우가 종종 있다. 촉발요인-호소문제 관계의 맥락을 놓치게 되면 그 이후에 전개되는 사례개념화는 극히 한 부분으로 치우치게 되고, 내담자가 호소하는 문제를 반복적으로 경험할 수밖에 없는 이유를 상담 마지막까지 제대로 파악하지 못하게 된다. 왜냐하면 촉발요인-호소문제 관계에서 패턴을 파악하는 것이 그렇게 쉽고 간단한 일이 아니기 때문이다. 따라서 접수면접 또는 초기면접에서 내담자가 보이는 비언어적 행동이나 언어로 호소한 에피소드에서 반복적으로 나타나는 패턴(부적응적 패턴)을 파악하는 데 초점을 두는 것은 매우 중요하다. 그리고 그렇게 파악한 패턴은 가설이기 때문에 〈축어록 #5〉에서와 같이 추가적인 탐색적 질문 또는 확인적 질문을 통해 가설이 맞는지 확인할 필요가 있다.

다시 한번 강조하는데, 패턴은 확인이 필요한 가설일 뿐이며 그것이 결코 편견으로 작동해서는 안 된다. 그러나 종종 "내가 얼마나 애써서 세운 가설인데, 내가 본 것이 맞아." 하고 자신이 세운 가설을 확신한 나머지 가설과 반대되는 관련 정보를 무시하거나 놓치기도 하고, 설령 가설과 반대되는 정보를 받아들이더라도 자신의 가설에 끼워 맞추는 상담자를 볼 때가 있다. 그렇게 되면 그것은 가설이 아니라 편견이다.

상담자가 "○○ 씨의 말과 행동을 보면서 그럴 때 ○○ 씨가 이런 마음일 것 같다는 생각이 들어요. 내가 ○○ 씨 마음을 잘 표현하고 있는지 궁금해요. 내가 ○○ 씨 마음과 동떨어지게 생각하고 있거나 혹시 엉뚱한 방향으로 가고 있으면 바로잡아 주세요."라고 내담자에게 확인과 수정을 해 줄 것을 요청하고, 그에 대한 내담자의 대답을 듣고 난 후 "아, 이런 부분은 맞는데, 이 부분은 내가 잘못 이해했군요. 바로잡아 주어 고마워요."와 같은 태도를 갖고 있다면, 가설은 상담자가 치료적 초점을 유지하고 상담개입의 효율성을 높이는 데 도움이 된다. 상담자가 유력한 가설을 탐색적 질문과 확인적 질문을 통해서 탐색하고 확인하다 보면 그렇게 힘든 상황과 맥락 속에서 버티어 온 내담자의 모습을 만나게 되고, 내담자도 미처 알지 못했던 무의식적 마음에까지 이르게 되는데, 이때 "그런 상황에서 ○○ 씨는 이런 마음이었을 것 같아요. 내가 이해한 것이 맞아요?"와 같은 공감적 질문을 통해 내담자와 공유할 필요가 있다.

05 내담자의 속마음 탐색하기: 유발요인과 유지요인

이제 '부적응적 패턴(가설) 탐색 및 확인' 작업에 이어 내담자가 특정한 조건과 상황이 되면 반복적으로 그렇게 행동할 수밖에 없었던 에피소드를 탐색하면서, 그런 사연 너머에 묻어 둬 그동안 선명하게 볼 수 없었던 마음을 찾아서 내담자와 함께 나누는 단계로 나아가야 한다.

축어록 #6 … **부적응적 패턴(공격)의 유발요인과 마이너스 유지요인 탐색**

상1: 그렇구나, 그랬어. 지금 마음은 어때? (내: 네. 뭐 그냥 그래요.) 선생님이 이해할 수 있게 '그냥 그래요'를 조금만 더 길게 이야기 보면 좋겠는데? (내: 머뭇거림) 약간 담담한 것 같아 보이기도 하고, 한마디로 표현하기가 쉽지 않은가 보다. (내: 네.) 그래. 그럼…… 이제 내가 몇 가지 질문을 할 테니까 떠오르는 대로, 생각나는 대로 대답해 봐. 좀 어려울 수도 있는데 도와줄게. 그러니까 한번 해 보자. (내: 네.) 우찬이가 최근 뽀족한 가시를 주변 사람들, 뭐 친구나 가족이나 누구든지 주변 사람들에게 말 대신에 찔러 댄 적이 있어? (내: 네.) 언제 무슨 일로 그랬는지 궁금한데, 선생님이 좀 들어 볼 수 있을까?

75

내1: …… (상: 천천히 해도 돼.) …… 그저께. …… A가 생각나요. (상: 무슨 일이 있었구나?) 네, 제가 겁을 좀 줬어요. 때리면 문제가 되니까 책상을 발로 걷어찼어요. (상: A라는 친구가 우리 우찬이를 화나게 했나 보구나. 무슨 일 때문에?) 수업시간에 졸다가 마치는 종소리가 들리길래 좀 자 볼까 하고 엎드렸는데 A가 내 책상을 발로 딱 치고 가면서 잠을 깨우더라고요. 지난번에도 그러더니 또 그러는 거 있죠. 말로는 실수라고 하는데 말투도 맘에 안 들고. …… 내가 잘못한 것처럼 쳐다보더라고요. 어이가 없어서 "야!" 하고 불렀더니 실실 쪼개는데 얼마나 열이 확 받던지 책상을 걷어차 버렸어요.

상2: 그런 일이 있었구나. 아무리 실수라고 해도 그렇지, A가 먼저 잘못해 놓고 사과도 제대로 안 하고 오히려 우찬이를 무시하듯이 쳐다보며 웃어서 우찬이가 많이 열받은 것 같네. 선생님이 우찬이의 마음을 제대로 이해하고 있는 건가? (내: 고개를 끄덕거림) 맞아? (내: 네.) 그러면 그때의 우찬이 마음을 말로 직접 한 번 더 표현해 볼까?

내2: (다소 쑥스러워하며 머뭇거리다가 천천히) 그러니까 '내 실수다, 미안해.'라고 하는 것이 당연한데, 오히려 날 무시하듯이 쳐다보면서 쪼개서 화가 났어요.

상3: 그래, 그랬구나. 실수로 책상을 친 것까지는 참을 수 있어. 근데 그 이후 A의 행동이 영 '마음에 들지 않아서' 우찬이가 순간 책상을 걷어차며 '뾰족한 가시'를 찌른 것으로 이해해도 될 것 같은데 어때? (내: 네, 뭐 그렇다고 해도…… 네, 그렇지요.) 그렇다면 선생님이 다른 질문을 해 볼게. 같이 생각해 보자, 우찬이는 '뾰족한 가시'를 세웠는데, 우찬이와 비슷한 상황일 때 다른 사람들도 다 그렇게 할까? 아마 누구나 다 그렇게 하지는 않을 거야. 어떤 사람은 그냥 그 자리를 피할 수도 있고, 또 어떤 사람은 밉보이지 않으려고 오히려 눈치를 볼 수도 있어. 그러니까 내 말은 그런 상황일 때 모든 사람이 다 '뾰족한 가시'를 세워 찌르지는 않는다는 거야. 이런 내 말에 동의해?

내3: 네. (분명한 어투로) 저와 다른 사람들도 있겠죠.

상4: 자, 그럼 그다음 질문. 또 같이 생각해 보자고. 모두 우찬이처럼 행동하지는 않는다에 동의했어. 그렇다면…… 우찬이가 발끈하며 '뾰족한 가시'를 세운 것은 그 순간 맘에 안 드는 A의 태도 때문이기도 하지만, 우찬이의 마음도 한몫한 것 같단 말이지. 선생님이 무슨 이야기를 하는 건지 알겠어? (내: 네, 알 것 같아요.) 그래, 그럼 우찬이가 선생님이 한 말을 어떻게 이해했는지 한번 말해 볼래?

내4: 내가 화를 낸 것이 모두 다 그 A 때문이라고 볼 수 없고, 저의 성질 탓도 있다고 하신 것 같은데요.

상5: (미소를 띠며) 아니, 네 성질을 탓하는 건 아니야. (내: 얼굴에 약간 웃음을 머금음) 마음에 들지 않을 때 모든 사람이 우찬이처럼 발끈하지는 않는다면, 우찬이 마음속에는 무엇이 있길래 다른 사람들과 달리 뾰족한 가시를 세우는 걸까 하는 생각이 들어서 말이지. 우찬이의 그 마음을 같이 좀 탐방? 탐험? 아, 마음속 여행이라고 하면 좋겠다. 내 말은…… A라는 친구가 우찬이 마음에 들지 않는 행동을 했을 때 순간적으로 책상을 걸어찼잖아. 그러니까 우찬이가 A한테 '뾰족한 가시'를 보여 준 건데, 그 뾰족한 가시는 바로 우찬이가 만들어 낸 우찬이 것이란 말이지. 우찬이에게 어떤 속마음이 있길래 그런 뾰족한 가시를 만들어 냈는지 우찬이의 '마음속 여행'을 같이 해보자는 얘기야. 어때? 해 볼래?

내5: (고개를 끄덕거림) 네, 그런데 어떻게 해요?

상6: 이제까지 한 번도 안 해 본 거라서 좀 어색하게 느껴지겠지만 한번 해 보자. 먼저 선생님이 '뾰족한 가시 너머에 있을 수 있는 너의 마음'을 맞혀 볼 테니까 어느 정도 맞는지 한번 볼래? (내: 고개를 끄덕거림) 시작해도 되겠니? (내: 네.) 음······ 우찬이는 마음에 들지 않는 상황일 때······ '내가 가만히 있으면 상대방이 나를 제대로 사람 대접 안 해 줄 수도 있겠다, 내가 만만치 않다는 것을 보여 줘야 나를 무시하지 않겠구나.' 하는 마음에 순간 뾰족한 가시를 드러내는 것 같은데, 어때?

내6: (잠시 생각을 하며 천천히) 맞아요, 맞는 것 같아요. (상: 어느 정도지? 10점 만점으로 보면?) 음······ 한 8점 정도.

상7: 그렇구나. 그래······ 그 정도면······ 뾰족한 가시로 맞대응해야 '사람 대접' 받을 수 있겠다는 마음이 큰 편이네? (내: 생각에 잠기며 가볍게 고개를 끄덕거림) 그렇구나, 그랬어. 그럼 '사람 대접 제대로 못 받겠다, 만만치 않다는 것을 보여야 해, 무시당할 정도로 가볍게 보이면 안 되겠어.' 하는 마음에 '뾰족한 가시'를 드러냈던 일이 여러 번 있었을 것 같은데, 기억나는 거 있니? 천천히 생각해 봐.

내7: 이런 것도 되나요? (상: 괜찮아. 이야기해 봐.) 어······ 작년

2학기쯤이었던 것 같은데 (상: 그럼 1학년 때?) 네, 그때 담임 쌤한테 대든 게 생각나요. (상: 담임선생님한테?) 네. (상: 무슨 일로?) 그날 제가 화단 청소 담당도 아닌데, 화단 청소 안 했다고 저한테 막 뭐라고 했거든요. (상: 우찬이 담당이 아니라고 말했어?) 아니라고 했죠. 근데 내 말은 하나도 안 듣고, 뭐가 아니냐고, 안 했으면 잘못했습니다 하고 빨리 가서 하면 되지 말이 많다고 소리를 막 지르더라고요. 순간 얼마나 빡치는지 걸레 집어던지고 그 자리를 피해 버렸죠. (상: 저런…… 그런 일이 있었구나. 지금도 그 일을 생각하면 화가 올라오는 것 같네?) 아니, 내 말은 무조건 안 들어요. 자기가 잘못 알았으면서 선생이라고 큰소리치더라고요. (상: 무슨 오해가 있었니?) 네, 저는 분명 전날에 했거든요. (상: 그럼 어떻게 된 일이야?) 그냥, 쌤이 착각한 거죠. 날짜를 잘못 본 거예요.

상8: 그랬구나, 그런 일이 있었어. …… 그런데 우찬아, 그 일을 이렇게 이해해도 될까? (내: 어떻게요?) 뭐라 할까…… 담임선생님도 착각할 수 있어. 우찬이가 아니라고 하면 우찬이 말도 한번쯤 귀 기울여 들어 보는 게 맞는데 오히려 당신 말씀이 맞다고 큰 소리로 우기면서 우찬이를 혼내셨어. (내: 맞아요, 그랬어요.) 그렇게 있을 수도 없는, 마음에 들지 않는 상황이 벌어져서 우찬이는 순간 화가 많이 났어, 맞지? (내: 네.) 그때 그 순간에 우찬이한테 '담임선생님이 나를 사람 대접 안 해 주는구나, 나를 아주 하찮게 여기는구나.' 이런 마음이 순간적으로 확 올라온 것 같은데, 어때?

내8: 맞아요, 사람 대접 안 해 줬어요. 순간 돌아 버리겠더라고요.

상9: 그렇구나, 우찬이한테는 사람 대접이 참 중요하구나. 또 사람 대접 못 받는다는 것 때문에 한바탕 부딪힌 적은 없어? 떠오르는 거 있으면 말해 볼래?

내9: (생각에 잠긴 표정으로) 이게 딱히 맞는지 모르겠는데요…….

상10: 우찬이를 사람 대접 안 해 줘서 서운했던 일들을 천천히 생각해 봐.

내10: 네, 있어요. (상: 무슨 일인데?) 아, 체육시간에 반 축구 대표로 뽑혔어요. (상: 그래? 언제?) 초등학교 때요. 5학년 1학기 때 5월쯤이었던 것 같아요. (상: 그래, 무슨 일이 있었는데?) 저는 남들 앞에 나서는 것 별로 좋아하지 않거든요. 그런데 체육시간에 옆 반과 축구시합을 하기로 했는데, 선수가 모자란다고 선생님이 저보고 하라고 해서 어쩔 수 없이 하기로 했거든요. (상: 조용히 지내는 우찬이가 반 대표선수로 선발된 셈이네?) 네, 하고 싶지는 않았지만 그래도 됐으니까 열심히 해 보려고 했어요. (상: 그런데 뭐가 맘먹은 대로 잘 안 됐어?) 참나, 지네 친한 친구들끼리 작전 짜고 지네끼리 공 주고받고, 저는 혼자 알아서 뛰라는 식이었어요. (상: 나서는 거 좋아하지 않는 우찬이가 오랜만에 나서서 뭔가 해 보려고 용기를 냈는데 친구들이 우찬이의 마음을 몰라 줬구나.) 같은 팀이면 함께 열심히 하는 게 맞잖아요. 나중에 경기에서 지니까 이 XX들이 내가 오는 공을 제대로 못 막아서 졌다고 난리를 치더라고요. (상: 저런, 그래서 어떻게 했어?) 아니, 그냥 가만히 있으면 안 되겠더라고요. 나도 열받는다고 고래고래 소리 질렀죠. 그러고는 K 앞으로 쓱 나섰는데. …… (상: 싸움을 했어?)

아니요, 선생님이 말리는 바람에. …… 그날 선생님이 안 말렸으면 그 XX 어디 한 군데 부러졌을걸요. 그냥 말도 안 하고 조용히 있으니까, K가 날 완전 우습게 알더라고요.

상11: 처음부터 원해서 한 것도 아니고, 반 대항 시합이라면 함께 작전 짜고, 못 하면 서로 격려해 주고, 결과가 좋지 않으면 아쉽지만 잘 했다고 서로 위로하는 게 한 팀이지. 더군다나 친한 지네 친구 몇 명끼리 다 해 놓고선 지니까 우찬이 탓을 했구나. (내: 네, 지네가 공격한다고 다 나가서 골은 한 골도 못 넣고, 갑자기 오는 공을 나 혼자서 어떻게 막냐고요?) 그렇지. 혼자서 어떻게 수비를 해. 그런 상황일 때는 뾰족한 가시가 최고지, 이럴 땐 가만히 있으면 안 돼, 한 방 먹여야 날 만만하게 보지 않아, 이런 마음이 있었던 것 같은데? (내: 아니, 그렇잖아요? 그 애들이 모두 내가 잘못해서 졌다는 식으로 말하는데 내가 가만히 있으면 날 만만하게 보죠.) 그래 말이야, 가만히 있으면 잘못을 인정하는 것으로 생각하지 말고, 나도 생각이 있고 할 말이 있는 사람이란 걸 알아주면 좋을 텐데 말이지.

내11: (눈시울이 붉어지더니 눈물을 흘리며) 네, 정말로.

상12: 우찬아, (내: 네.) 오늘 너와 이야기를 해 보니까 이런 생각이 들어. 선생님 말 한번 들어 봐. 처음에는 우찬이가 그냥 '마음에 들지 않아서' 화를 쏟아 내나 했는데, 한참 이야기를 해 보니까 다른 사람들이 우찬이에게 '사람 대접'을 해 주지 않아서 화가 났더라고. 가만히 있으면…… 내가 가만히 있으면 사람들이 나를 만만하게 본다는 게 우찬이 마음속에 자리 잡고 있는 것 같아. (내: 벽을 바라보며 묵묵히 듣고 있음) 그래, 우찬이 마음속 깊은 곳에 무엇이 있길래 "가만히 있으면 만만하게 본다고, 그러니까 사람 대접 받으려면 뾰족한 가시로 찔러야 돼⋯⋯." 이런 말이 마음속 저편에서 자꾸 나오는 걸까? 다음에 만나서 그 이야기를 좀 더 나누어 보자. 오늘은 이 이야기는 이쯤 하고 다음 시간에 더 여유를 갖고 해 보자, 알겠지?

내12: (눈물을 훔치며) 네, 알겠습니다.

필자는 〈축어록 #6〉에서 상1(이제 내가 몇 가지 질문을 할 테니까 떠오르는 대로, 생각나는 대로 대답해 봐. 좀 어려울 수도 있는데 도와줄게. 그러니까 한번 해 보자.) 또는 "또 생각나는 비슷한 경험이 없나요?" 등의 개입에 이어 상1(우찬이가 최근 뾰족한 가시를 주변 사람들, 뭐 친구나 가족이나 누구든지 주변 사람들에게 말 대신에 찔러 댄 적이 있어?), 상7(그렇구나. 그래⋯⋯ 그 정도면⋯⋯ 뾰족한 가시로 맞대응해야 '사람 대접' 받을 수 있겠다는 마음이 큰 편이네? 그렇구나, 그랬어. 그럼 '사람 대접 제대로 못 받겠다, 만만치 않다는 것을 보여야 해, 무시당할 정도로 가볍게 보이면 안 되겠어.' 하는 마음에 '뾰족한 가시'를 드러냈던 일이 여러 번 있었을 것 같은데, 기억나는 거 있니? 천천히 생각해 봐.), 상9(그렇구나, 우찬이한테는 사람 대접이 참 중요하구나. 또 사람 대접 못 받는다는 것 때문에 한바탕 부딪힌 적은 없어? 떠오르는 거 있으면 말해 볼래?), 상10(우찬이를 사람 대접 안 해 줘서 서운했던 일들을 천천히 생각해 봐.)에서와 같은 탐색적 질문을 통해 내담자의 반복적이며 익숙한 공격적 패턴이 언제부터 시작되어 지금 이 시점까지 마음속 깊이 자리 잡게 되었는지 탐색하는 데 역점을 두었다. 이것이 유발요인과 유지요인을 탐색하는 과정이다.

물론 [그림 1] '황우찬의 사례개념화 밑그림'에서 필자가 세운 가설의 순서에 따르면 유발요인("그게 언제 처음 시작되어 그렇게 된 것 같아요?" 또는 "인생의 초기 기억 중에 이와 관련된 경험이 있나요?")을 탐색하고 이어 유지요인("그런 경험이 최근에도 있었어요?" 또는 "지금 이야기한 것보다 조금 더 오래된 경험이 있나요? 시간을 좀 더 거슬러 올라가 그 이전에도 그런 경험이 있었나요?")을 탐색하는 것이 사고의 흐름상 자연스럽다. 그러나 실제 상담에서 유력한 임상적 가설을 탐색할 때, 상담자가 파악하고 있는 인식 수준에 비해 내담자는 충분히 동기화되어 있지 않기 때문에 상담자가 세운 가설의 논리적 순서대로 처음부터 이야기를 하는 내담자는 거의 없다. 특히 황우찬의 경우는 접수면접 때 상담에 대한 동기마저 없었던 터라 상담에 대한 거부감을 해소하고 마음의 문을 열고 난 후 필자가 세운 가설을 탐색해야 했기 때문에, 당연히 최근의 경험에서 유지요인을 먼저 찾아본 후에 비교적 인생 초기에 해당하는 유발요인을 탐색하는 순서로 진행할 수밖에 없었다.

접수면접에서 유력한 상담자의 가설을 탐색할 때, 내담자가 충분히 동기화되어 있고 상담에 협력적이어도 상담자가 유지요인과 유발요인을 탐색하는 과정에서 벗어나 옆길로 빠지는 경우가 많다. 그것이 상담자의 훈련 부족 때문이라면 훈련을 받으면 되지만, 숙련된 상담자에게도 그와 같은 일이 종종 벌어진다. 그 이유는 내담자가 상담자와 함께 유력한 임상적 가설을 탐색하는 것을 낯설게 여기기 때문이다. 내담자들은 "그냥 기분이 그랬고 그냥 그렇게 행동했을 뿐인데 상담자와 이야기하다 보니 내가 미처 몰랐고 깨닫지 못한 마음이 있었네요. 그게 뭔지 이제 알 것 같아요."라고 감동하면서, 상담의 전 과정을 통해 역동적으로 자신을 표현하는 경험을 하게 된다. 그러면 상담자가 자신과 통한다는 생각에 어떤 특정 에피소드를 필요 이상으로 장황하게 이야기하기 시작한다. 그러나 접수면접이나 접수면접의 기능을 하는 초기면접에서는 내담자의 이러한 장황한 이야기를 따라가다가도 적절한 시점에 마무리하고 다시 유력한 임상적 가설을 탐색하는 것에 상담의 초점을 맞추는 것이 중요하다. 내담자가 초점을 벗어난 이야기를 할 때, 상담자는 필요하다면 그 상황 속에서 힘들어했을 내담자의 마음을 읽어 주기도 하고 상담자가 짐작하는 내담자의 마음이 맞는지 질문하고 확인하면서 그 에피소드에 머물고 싶어 하는 내담자의 마음을 충분히 이해해 주면서도 "그래요. 그런 일이 있었군요. 그 이야기는 다음을 위해 잘 보관해 두었다가 나중에 좀 더 하기로 해요. 지금은 오늘 해야 할 이야기가 마무리되지 않았으니까 이 이야기를 좀 더 나누어 보고 싶은데, 어떠세요?"와 같이 언급하며 다시 유력한 임상적 가설 탐색으로 방향을 되돌려야 한다. 상담자가 상담구조화 안에서 처음에 전체 그림을 충분히 탐색해 보고 유력한 임상적 가설을 확인하기로 했다면 마지막까지 그 초점을 유지해야 한다.

우찬이의 경우, 에피소드 1(A가 자신의 잘못에 대한 마땅한 사과도 없이 대충 넘어가려 하고 심지어 무시하듯 쳐다보자 순간 화가 나 책상을 걸어찬 일) 이후 이전에도 유사한 경험이 있었는지 탐색해 보니 에피소드 2(고1 2학기에 담임선생님이 착각해서 화단 청소를 안 했다고 야단을 쳐서 순간 화를 못 참아 걸레를 집어던진 일)와 에피소드

3(나서는 것을 별로 좋아하지 않는 우찬이가 초5 1학기 5월쯤 체육시간에 반 대항 축구시합에서 선수로 뽑혔는데 반 아이들이 우찬이를 빼놓은 채 친한 친구끼리 작전 짜고 자기들끼리 경기하더니 우찬이가 수비를 못해서 졌다고 해서 싸운 일)이 기억을 거슬러 올라가며 순차적으로 드러났다. 우찬이는 이전에 '말 대신 뾰족한 가시로 주변 사람을 대한' 또 다른 경험이 있는지 묻는 필자의 질문에 이 세 가지 에피소드 말고는 딱히 더 떠오르는 것이 없다는 표정을 지었고, 상11(그래 말이야, 가만히 있으면 잘못을 인정하는 것으로 생각하지 말고, 나도 생각이 있고 할 말이 있는 사람이란 걸 알아주면 좋을 텐데 말이지.)의 말에 눈시울이 붉어지며 눈물을 흘리면서 내11(네, 정말로.)의 반응을 보였다. 이에 필자는 내담자가 보이는 부적응 패턴인 공격적 패턴의 근원을 정리해야 할 시점이라고 생각했다. 필자는 우찬이가 이번 회기에서 얻은 느낌과 깨달음을 중심으로 상담을 통해 경험한 내용을 시간적 여유를 갖고 확인하고 구체화하여 또 다른 경험으로 나아가기를 바랐다.

그러나 이쯤에서 다음을 기약해야 했는데, 그것은 상담의 초점과 내담자의 준비도 이슈 때문이었다. 상담은 제한된 시간 내에 내담자와 함께 하는 치료적 활동이므로 특정한 회기에 무엇에 역점을 두어야 하는지(상담의 초점)와 내담자가 해당 이슈를 다룰 수 있는 준비가 얼마나 되어 있는지(내담자의 준비도)를 항상 고려해야 한다. 필자는 이번 회기에 [그림 1]의 가설을 토대로 개념화를 완성하고, 그에 대해 내담자와 개략적으로 이야기를 나누어 상담의 방향을 공유하며, 앞으로 내담자가 지속적으로 기꺼이 상담에 임할 수 있도록 동기화하는 데 상담의 초점을 두었다. 차후 회기에서 반드시 관련된 이슈를 다룰 수 있다고 믿으며, 상12(그래, 우찬이 마음속 깊은 곳에 무엇이 있길래 "가만히 있으면 만만하게 본다고, 그러니까 사람 대접 받으려면 뾰족한 가시로 찔러야 돼……." 이런 말이 마음속 저편에서 자꾸 나오는 걸까? 다음에 만나서 그 이야기를 좀 더 나누어 보자. 오늘은 이 이야기는 이쯤 하고 다음 시간에 더 여유를 갖고 해 보자, 알겠지?)의 개입으로 눈물을 훔치는 내담자에게서 "네, 알겠습니다."라는 약속을 이끌어 냈다. 그리고 내담자의 준비도 면에서도 내담자의 입장에서는 여전히 생경할 '처음 본 자신의 마음 조각들'을 생각해 보고 들여다보며 확인할 수 있을 때까지 기다리는 시간이 필요하다.

그래서 필자는 이끔(ICCM-X) 사례개념화 모형의 요소 중 하나인 플러스 유지요인을 탐색하기로 했다. 사실 내담자의 공격적 패턴이 점점 심해져 극대화됐을 때 그 끝이 어떻게 될지 상상해 보면 섬뜩할 때가 있다. 우찬이의 경우도 우찬이가 기억해 내 이야기한 에피소드는 세 개지만 기억나지 않는, '사람 대접'을 제대로 못 받아서 화가 났던 에피소드가 많을 것이고, 그로 인해 입었던 마음의 상처까지 헤아려 보면 엄청날 것이다. 그럼에도 공격적 패턴이 항상 일정한 선을 넘지 않았던 내담자의 힘을 알고 싶어서 다음의 대화를 이어 갔는데, 아마도 이 플러스 유지요인에 대해서는 내담자가 평상시에 결코 생각해 보지 않았을 것이다.

축어록 #7 ··· **부적응적 패턴(공격)의 플러스 유지요인 탐색**

상1: 그리고 또 선생님이 우찬이랑 나누고 싶은 이야기가 있는데, 한번 들어 볼래? (내: 네.) 이렇게 얘기하면 어떻게 들릴지 모르겠는데…… 우찬이가 한 초등학교 때 이야기, 고등학교 1학년 때 이야기를 들으면서 선생님한테 아주 크게 보이고 들리는 게 있거든. 그게 뭐냐면 우찬이가 이런저런 일이 있을 때마다 화를 내기는 하는데 어느 범위 안에서만 화를 내지 그 이상으로는 화를 내지 않는 것 같아. (내: 범위요?) 그래, 범위라고 해도 되고 한계라고 해도 될 것 같아. 우찬이가 쉬는 시간에 한숨 자 볼까 할 때 책상을 툭 치고 간 그 A라는 친구한테도 화가 많이 났지? 그 당시에 말이야. 그렇지? (내: 네.) 그런데 우찬이가 화가 났다고 해서 주먹을 휘두르거나 그러지는 않았어. 음, 오해하지는 마. 그럴 땐 주먹을 휘둘러야 한다는 얘긴 아니니까. 그러니까 무슨 얘기냐면 화가 난 그 순간, 우찬이가 그 이상으로 화를 내는 행동을 할 것 같은데 그냥 책상을 걷어차는 정도의 범위에서 멈추더라는 얘기야.

내1: (무슨 말인지 잘 이해가 안 된다는 표정으로) 네에?

상2: 1학년 때 담임선생님이 날짜를 착각해서 오해하는 바람에 청소를 안 했다고 야단맞을 때도 나름대로 설명을 했는데 담임선생님이 우찬이 말을 듣지도 않고 믿지도 않을 때 많이 분했지? 그럼 더 큰 표현을 할 수도 있잖아? 그런데 그때도 어느 선을 넘지는 않았어. 초등학교 때도 너 때문에 졌다는 억울한 말에 화가 났는데 소리만 고래고래 질렀지 그 이상으로 가지는 않았잖아? 글쎄…… 아마 다른 사람이 그렇게 사람 대접을 제대로 안 해 줘서 서운하고 억울하고 분한 마음이었다면 그 정도로 안 끝났을걸. 어떤 선을 넘는 행동을 했겠지. 그런데 우찬이는 어느 범위 안에서만 표현을 한다고 할까. ……

아무리 오해를 받고 힘들어도 어느 범위, 어떤 선을 넘지 않는 것 같아. 내 말에 대해 어떻게 생각해?

내2: (선뜻 내키지 않는 투로) 제가…… 그런가요? (상: 썩 그렇다는 마음이 안 드나 보다?) 사실은 잘 모르겠어요. (상: 뭐가?) 제가 선을 지킨다. …… 잘 모르겠어요. 저는 화가 나면 순간 팽 돌아요. (상: 순간 돌지? 그래서 큰 사고 쳤니?) 사고 쳤죠.

상3: 그래, 사고 쳤지. 그런데 그것도 일정한 범위 안에서의 야단법석이란 말이지. (내: 네?) 선생님이 너라면 말이다. 하, 세상 참…… 한번을 제대로 사람 대접 안 해 주네. 오늘도 또야? 아니 이런 뭣 같은 경우가 다 있담…… 이러면서 순간 빡 돌아서 훨씬 더 큰 사고를 쳤을 것 같거든. 내가 잠시 너의 입장이 되어서 생각해도 그런데, 만약 내가 너로 평생 살아왔다면 틀림없이 너보다 훨씬 더 큰 사고를 쳤을 거야. (내: 미소를 머금는 표정) 이제 선생님이 하는 말이 뭔지 알겠어? 지금 느낌을 말로 표현할 수 있겠어?

내3: (다소 머뭇거리며) 선생님이 나라면 더 심하게 사고 쳤을 거란 말은 잘 믿기지 않지만, 내가 그때 그 순간 더 심하게 할 수도 있었겠구나 하는 마음은 드네요. (상: 그래서 지금의 기분은?) 이상해요 (상: 좋은 쪽이야, 나쁜 쪽이야?) 좋은 쪽이죠.

상4: 좋은 쪽의 이상한 기분이라면…… 아, 이래저래서 선을 넘는 나쁜 쪽으로만 봤는데 내가 어떤 선을 넘지 않는 좋은 쪽(?)도 있구나 하는 마음이라는 거지? 그래?

내4: (쑥스러운 듯 미소를 지으며) 네, 그렇게는 한 번도 생각해 보지 않았어요.

상5: 그래, 그랬을 것 같아. (왼손을 세워 방향을 가리키며) 이쪽에서 보면 선을 넘었지만, (오른손을 세워 반대 방향을 가리키며) 이쪽에서 보면 선을 넘지 않았지. (내: 그러네요.) 그럼 이제 생각해 보자. 일정 범위 안에서 선을 넘지 않는 너의 힘은 어디에서 나오는 걸까? 도대체 무얼까? 뭐 떠오르는 것 없니?

내5: (미소를 지으며) 뭐 딱히…… 모르겠어요. (상: 뭔가 살짝 떠오른 게 있는 것 같은데? 그런데 그게 맞는 건지 자신 없다는 말로 들리는걸?) 네, 맞아요. 근데 이런 것도 되나요? (상: 뭔데?) 저는 학교를 꼭 졸업하고 싶어요.

상6: 그래, 졸업이란 게 우찬이한테는 아주 특별한 의미가 있나 보구나.

내6: (쑥스러운 표정으로 말을 잠시 삼킨 후 미소를 지으며) 졸업은 해야 할 것 같거든요. (상: 왜?) (머뭇거리며) 초등학교 때, 어릴 때 꿈이 선생님이 되는 거였어요. (상: 뭐라고?) 선생님이 되고 싶었다고요. (상: 초등학교?) 아뇨, 중학교 선생님이요. (상: 그게 꿈이었구나. 그런데 그 얘기를 하면서 많이 쑥스러워하는 것 같은데?) 네, 많이, 그래요. (상: 왜?) 어릴 때 이야기이기도 하고, 지금은 좀 그래요. (상: 뭐랄까…… 하려면 할 수도 있겠지만 지금은 그 꿈까지 가기에는 너무 멀다, 이런 말로 들리네?) 네, 약간 비슷해요.

상7: 그렇구나. 선생님이 우찬이의 조심스런 이야기를 들으면서 이런 생각이 들었는데 맞는지 봐. 글쎄 전후 사정은 잘 모르겠지만, 우찬이가 그 꿈을 생각하면 뭔가 좀 잘 해야겠다는 마음이 드는 것 같은데, 맞아? (내: 네, 지금은 아니지만 초등학교 때는 그랬던 것 같아요. 아마 중학교 때까지도 간혹 그랬던 것 같기도 하고요.) 그래, 그 꿈이 마음 한쪽에 있어서 무슨 일이 있을 때 우찬이도 모르게 어떤 선을 넘지 않도록 한 것 같네? (내: 고개를 끄덕거림) 그래, 그 꿈이 지금은 옛날이야기지만 열받고 화나는 상황이 될 때 너도 모르게 '그만! 우찬아 그만!' 하고 말렸던 것 같기도 하고? (내: 짧은 한숨을 쉬며 눈시울을 붉힘) 그래, 우찬아. 지금은 아니지만 한때는 선생님이 되고 싶다는 그 꿈이 우찬이가 어려울 때 힘이 되어 준 것 같다. 그래서 우찬이가 '사람 대접'을 못 받아서 열받고 화날 때 마음 깊은 곳에서 "우찬아, 너는 선생님이 될 사람이야."라고 말을 걸며 토닥이면서 너를 진짜 사람으로 대접해 줬을 것 같아. (내: 눈물을 흘리며 한동안 말을 잇지 못함) 그래…… 지금 기분은 어떠니?

내7: (눈물을 닦으며 조용히 속삭이듯) 그냥 제가 힘들었을 때가 생각나요. (상: 그래.) 그땐 세상에 저 혼자만 있는 것 같았어요. 그래도 선생님이 참 잘 했어 하시는 것 같아요. (상: 맞아, 그땔 돌아보면 참 잘 했지.) 왠지 힘도 나요.

상8: 그래 그럴 것 같구나. 그럼 힘내서 또 한 번 잘 찾아볼까? 우찬이가 어떤 선을 넘으려고 할 때 너를 말리며 토닥이면서 힘이 되어 준 뭔가가 더 있을 것 같은데 그게 뭔지 혹시 생각나는 거 있어? (내: 고개를 가로저음) 글쎄, 선생님이 보기엔 우찬이가 억울하고 분하고 화날 때마다 늘 같이 있어 준 좋은 친구가 있는데?

내8: (크게 고개를 가로저으며) 없었어요.

상9: 그래, 그럼 우찬이가 이제 그만해야겠다고 마음먹은 그 게임은 어때? 게임도 항상 네 곁에서 힘이 되어 준 친구였던 거 같은데, 어떻게 생각해?

사실 황우찬의 상담사례는 생각할 때마다 필자에게 아직도 긴 여운으로 다가오는 상담사례 중 하나이다. 필자가 내담자가 보이는 부적응 패턴의 마이너스 유지요인에 대한 탐색을 통해 내담자가 마음에 들지 않는 상황이 벌어지면 매번 공격적인 자세를 취할 수밖에 없는 이유를 매우 깊이 이해하고 공유하는 순간, 반대편의 모습이 선명하게 보였고 이를 내담자와 공유할 수 있었다. 이때 상담자는 [그림 1]에서 가설로 세웠던 부분을 실제 초기면접 상담 장면에서 확인할 수 있었고, 그것을 그 당시 내담자의 경험세계에서 재경험할 수 있도록 하자 내담자의 문제에 대한 조망이 달라지기 시작했다. 내담자의 이야기에 따르면 초등학교 5학년 때부터 '마음에 들지 않는 상황이 펼쳐질' 때마다 자신도 모르게 맘속에서 짜증과 화가 올라왔는데 그럴 때 어쩔 수 없으면 참거나 간접적으로 풀고, 내담자가 기억해 낸 에피소드에서처럼 직접적으로 화를 드러내 주변 사람들과 갈등을 겪기도 했다. 내담자가 직접 표현하지는 않았지만, 이때 내담자가 세상에 대해 반응하는 모습은 항상 부정적인 모습뿐이었다. 부적응 패턴의 마이너스 유지요인을 탐색하여 내담자가 그럴 수밖에 없었던 속마음을 거의 이해하게 되자, 내담자는 상담자와 함께 자신이 화가 날 때 선을 넘을 수도 있었는데 항상 멈추는 어떤 선(부적응 패턴의 플러스 유지요인)이 있음을 알게 되었다. 필자가 상담을 하면서 내담자들과 함께 플러스 유지요인을 찾아볼 때 내담자들은 무언가로 한 대 맞은 듯한 묘한 표정을 짓곤 하는데, 이때 우찬이도 마찬가지였다. 우찬이는 여태껏 한 번도 생각해 보지 않았던, '일정한 선을 넘지 않고 멈추는 힘'을 가진 긍정적인 모습이 자신에게 있음을 보고, 겉으로 표 나게 드러내지는 않았지만 슬픔과 기쁨이 어우러진 묘한 표정을 지었다.

필자가 상9(그래, 그럼 우찬이가 이제 그만해야겠다고 마음먹은 그 게임은 어때? 게임도 항상 네 곁에서 힘이 되어 준 친구였던 거 같은데, 어떻게 생각해?)에서 내담자가 스스로 멈추도록 하는 힘을 추가적으로 탐색하였으나 내담자는 특별한 에피소드를 떠올리지 못했다. 그래서 그다음에 [그림 1]에서 가설로 생각한 '성취 경험과 재미'(파괴적인 인터넷게임)를 확인해 보았다.

"그럼 지금 하고 있는 때리고 총 쏘고 작전 짜면서 상대방과 싸우는 인터넷게임이 우찬이의 분하고 억울한 마음을 달래 주는 데 도움이 되지는 않았을까? 그건 어떻게 생각해? 만약 게임이라는 친구마저도 없었다면 우찬이가 어떻게 되었을까……."라는 필자의 질문에 우찬이는 눈물을 흘리면서 그 게임이 자신에게 친구였고 힘이 되어 주었다고 말했다. 이어서 자신이 느끼는 묘한 슬픔과 기쁨의 마음을 상담자와 함께 나누었고, 없애야 한다고 단순하고 단편적으로 문제를 보던 시각이 변화되었음을 확인하였다. 이렇게 부적응 패턴의 플러스 유지요인을 내담자와 함께 찾아보고 나눌 때는 반드시 마이너스 유지요인을 충분히 탐색하여 내담자가 부적응 패턴(우찬이의 경우 공격적 패턴)으로 반응할 수밖에 없는 이유를 상담자와 내담자가 공유해야만 치료적으로 영향력이 있다. 만약 이런 단계를 거치지 않고 그것을 일찍 다루게 되면, 내담자에게 는 공허한 헛소리로 들려 오히려 소소한 저항을 일으키는 역효과 를 낼 수도 있으니 주의해야 한다.

여기에서 잠깐 상담자의 시의적절한 상담개입에 대해 알아보 자. 초기면접 또는 접수면접에서는 내담자 문제에 관한 심리적 원 인의 형성과정을 탐색하고, 깊은 차원에서 내담자의 아픔을 공유 하며, 앞으로 어떤 방향으로 상담을 할 것인지 내담자와 함께 로드 맵을 짜는 사례개념화에 역점을 둔다. 이때 상담자는 필요에 따라 상담의 초점을 두고 깊이 탐색하다가도 어느 선에 이르면 다음을 위해 개입을 미뤄야 할 때가 있다.

황우찬의 사례에서 필자가 접수면접에서 상담의 초점을 두고 탐 색하다가 뒤로 미뤄 둔 것은 다음과 같다. 우찬이는 [그림 4]에서 유형 4(회피 → 공격)가 아닌 유형 5(회피 → 수동공격 → 공격)에 해 당한다. 내담자가 기억을 떠올려서 보고한 과거 경험이 제한되어 있어서 그것을 확인하고 다루는 데 한계가 있지만 초기면접의 내 용과 관련 상담연구와 심리검사(MMPI, SCT, HTP) 내용을 바탕으로 살펴보면, 우찬이는 표면적으로 문제가 되지 않아 당장 기억을 떠 올리지는 못했지만 적어도 초등학교 저학년부터 중학교 때까지 억 울하고 분한 마음을 살짝 간접적으로 푸는 수동공격적 자세를 취 했음을 알 수 있다. [그림 1]에서 어머니가 보고한 "어렸을 때는 말 잘 듣는 착한 아이였다."라는 것도 회피적 또는 수동공격적 패턴의 경험이 있음을 시사한다고 볼 수 있다. 따라서 MMPI, SCT, HTP 심리검사와 관련 상담연구 그리고 초기면접을 종합적으로 볼 때, 우찬이는 어릴 때 학대를 당한 내담자가 전형적으로 드러내는 유형 5(회피 → 수동공격 → 공격)에 해당한다.

그러나 접수면접의 연장인 초기면접에서 공격적 패턴의 유발요인과 플러스/마이너스 유지요인까지만 다루고, 유형 5(회피 → 수동공격 → 공격)의 회피와 수동공격 증상은 다루지 않았다. 오히려 〈축어록 #6〉의 상12(그래, 우찬이 마음속 깊은 곳에 무엇이 있길래 "가만히 있으면 만만하게 본다고, 그러니까 사람 대접 받으려면 뾰족한 가시로 찔러야 돼⋯⋯." 이런 말이 마음속 저편에서 자꾸 나오는 걸까? 다음에 만나서 그 이야기를 좀 더 나누어 보자. 오늘은 이 이야기는 이쯤하고 다음 시간에 더 여유를 갖고 해 보자, 알겠지?)와 같은 개입을 통해 다음 회기를 기약하였다. 이렇게 초기면접에서 아직 자신의 문제에 대한 통찰이 이루어지지 않은 내담자의 준비도를 고려하여 회피와 수동공격 증상에 관한 부분을 향후 회기로 미룬 것은 임상적으로 잘 한 선택이라고 생각한다.

내담자의 준비도 또는 심리적 상태에 따라 시기와 내용에 따른 상담자 개입의 완급을 조절하는 것은 매우 중요한 이슈이다. 시기적으로 상담자가 너무 서두르면 아직은 설익은 상태라 내담자에게 오히려 상처가 될 수도 있고, 너무 늦으면 제한된 상담시간에서 시간을 허비하는 격이라 상담자로서의 전문성에 문제가 생기게 된다. 그러나 아무리 뛰어난 상담자라도 개입의 시기적 완급 조절에 실패할 수 있다. 상담자가 개입을 서둘러 완급 조절에 실패했을 때는 당황하지 말고 내담자가 느낄 불편함 또는 충격을 비언어적 행동관찰을 통해 즉각 파악하고, 이를 상담과정에서 치료적으로 다루는 좋은 기회로 활용할 수 있어야 한다. 때론 상담자가 서둘러 개입을 할 때인지, 아니면 아직 좀 더 기다려야 할 때인지 애매모

호할 때가 있다. 이럴 때는 "지금 상담자로서 이런 측면에 대해 이러이러한 개입을 하고 싶은데, 이런 면에서 ○○ 씨가 심리적으로 불편하지 않을까 걱정됩니다. 이 점에 대해서 어떻게 생각하세요?"라고 내담자에게 물어보고, 내담자의 언어적 표현과 비언어적 표현을 통해 임상적 판단을 하여 개입 시기의 완급을 조절하면 된다. 정리하자면, 상담개입의 시기적 완급 조절은 비교적 간단한데, 이른 개입으로 적절한 완급 조절에 실패했다 싶으면 내담자의 비언어적 행동관찰을 통해 이를 확인해 보고 실패가 맞으면 서두른 개입에 따른 내담자의 심리적 충격을 심층적으로 다룰 수 있는 기회로 삼고, 적절한 개입의 시기를 확신할 수 없으면 내담자에게 솔직하게 이야기하고 내담자와 그 시기를 협의하면 된다. 이렇게 하면 내담자와의 치료적 관계가 오히려 돈독해진다. 내담자의 준비도와 심리적 상태에 따라 상담개입의 완급을 조절할 때, 시기적인 부분은 앞서 설명한 바와 같이 비교적 어렵지 않으며 몇 번의 자문이나 슈퍼비전을 통해서 쉽게 교정할 수 있다.

그러나 상담자에게 접수면접 또는 초기면접의 로드맵이라 할 수 있는 사례개념화가 두루뭉술하여 내담자의 특정한 심리적 상태를 탐색할 구체적인 가이드라인이 없거나 설령 있더라도 방향이나 내용이 잘못되어 있거나 또는 사례개념화가 없어서 내용 면에서 상담개입의 완급을 조절할 수 있는 준거가 없다면, 앞서 언급한 시기적인 부분이 아무리 훌륭하더라도 상담자 개입의 완급 조절은 실패할 수밖에 없다. 이는 자문이나 슈퍼비전을 몇 번 받는다고 해서 단시일에 해결할 수 있는 문제가 아니기 때문이다. 따라서 상담자들은 오랜 시간과 노력을 들여 내담자의 문제와 관련된 상담사례를 연구하고 관련된 연구 자료와 심리평가로 개략적인 개념화를 구상해 보고, 초기면접 또는 접수면접을 진행하면서 최종적으로 섬세한 개념화를 작성하여 계속 슈퍼비전을 받으면서 훈련을 해야 내용 면에서의 상담개입을 잘 할 수 있다

필자가 슈퍼바이저로서 상담 경력이 약 5년 정도 된 A라는 상담자에게 슈퍼비전을 한 사례를 소개하고자 한다. 상담자 A의 사례를 접수하여 ICCM-X(인지행동 상담이론) 모형으로 개념화한 내용으로 3회의 슈퍼비전을 진행한 후에 이어 상담이 종결될 때까지 상담과정에서 이 개념화의 내용대로 제대로 상담개입을 실행할 수 있도록 4회의 슈퍼비전을 진행하였다.

우선은 이론을 몰라서 핵심신념 찾는 게 어렵고, 핵심신념 찾는 게 지금도 어려워서 자료를 찾고, 정답을 알고 싶은데 계속 제가 찾아야 한다는 것, 혼자 하니까 누군가와 같이 하면 물어볼 수 있는데 교수님이 정답을 안 알려 주시고 찾아보라고 하니까 대학원보다 더 대학원 같은, 이게 진정한 대학원 수업이다! 혼자 찾아내고 혼자 가는 게 힘들었어요. / 잠도 제대로 못 자고 힘들었지만 내담자에게 핵심신념을 알고 변화된 것을 들려주니까 내담자가 놀라는 거예요. / 놀라움, 신기함, 반가움. 슈퍼비전이 기존과 전혀 다른 슈퍼비전이었고 / 힘들수록 더 일어나려고 하는 것, 포기하면 내가 아니야 하고 스스로 힘을 냈고, 무엇보다 슈퍼바이저와 함께하는 것 같았어요. 저와 함께 가 주는 것 같아서 고맙기도 하고 놀랍기도 하고, 이렇게 심혈을 기울여서 해 주셔도 되나 싶을 정도로, 막상 하니까 내담자가 변화가 있는 거예요. 그게 힘이 되고, 그전에는 얘가 변할까 했는

데 애가 변하니까 저도 힘도 되고 / 상담을 재미있게 하고 있어요. 그전에는 상담이 힘들었어요. 변화시켜야 한다는 압박이 있었고 너무 힘든 애들이 많아서 부담감도 많았는데 이제 그 부담감이 좀 없어졌다고 해야 할까? / 지금은 이론으로 내담자를 보려 하고 상담의 방향이나 성과를 이론으로 풀어내려고 애쓰게 되었어요. 그리고 지금은 상담이 두려움이 많이 사라졌고 자신감이 생겼어요.

슈퍼바이저 개입의 의도: 당시 상담자는 내담자의 에피소드를 하나의 팩트로만 봤으며, 자신의 이론인 인지행동 상담이론을 에피소드 너머의 보이지 않는 내담자 마음을 읽어 낼 수 있는 도구로 여기지 않고 단순한 변화 기법으로만 생각하고 있었다. 인지행동 상담이론을 통해 에피소드 너머에 있는 내담자의 얽히고설킨 마음(자동적 사고 → 중간신념 → 핵심신념)이 어떻게 해서, 얼마나 오랫동안 자리를 잡게 되었는지 헤아릴 수 있는 능력은 결코 하루아침에 생기지 않는다. 따라서 상담자가 먼저 발버둥 치듯이 애를 써서 한 지점에 도달하면 그때 비로소 슈퍼바이저의 추가적인 정교화 작업이 더해진다. 이를 통해 상담자의 실력이 향상되는데, 이렇게 향상된 실력은 온전히 상담자의 것이 된다. 만약 상담자를 지켜보기 답답한 마음에 슈퍼바이저가 자기의 상담이론으로 풀어내 주면 상담자 입장에서는 처음에 무언가 큰 깨달음을 얻은 것처럼 보인다. 하지만 그것은 슈퍼바이저의 것이지 결코 상담자의 것이 아니기 때문에 향후 상담과정에서 상담자가 개념화 내용을 실행하는 데 전혀 도움이 안 될 뿐만 아니라 오히려 마음의 걸림돌이 될 때가 많다. 이것은 병아리가 알에서 나오기 위해서는 새끼와 어미 닭이 안팎에서 서로 쪼아야 한다는 줄탁동시(啐啄同時)의 철학과 상통하는데, 중요한 것은 병아리가 밖으로 나오려고 먼저 쪼기 시작하면서 노력할 때 어미 닭이 밖에서 도움을 주는 것이지 어미 닭이 먼저 나서서 알을 깨 주지는 않는다는 것이다.

아이들이 왜 그러는지 이해가 되고 내담자들을 볼 때 제 마음이 따뜻한 시선으로 보게 되었어요. 슈퍼비전 받으면서 제가 더 걔네들을 따뜻한 시선으로 본 것 같아서 / 전에는 제가 호의적으로 해도 걔네들이 변화도 없고 제가 하는 의도와 다르게 행동하면 제가 화도 나고 그랬거든요. 지금은 변화가 되었다가 제자리로 왔다가 하는 것이 이해가 되어요. 상담자로서 자세가 많이 바뀐 것 같아요. / 그전 같으면 학생한테 휩쓸려 갔을 텐데. 상담목표, 방향이 있어서 내담자의 마음을 우선 알아주고 그것은 다음에 하고 오늘은 이걸 하자 하는 이런 여유가 생겼어요. 놀랍게도 내담자가 그걸 해결하고 온 거예요, 가족문제를…… 그런데 지금 상담목표 친구와의 문제랑 연결이 된 거예요. 그래서 그걸 안 해도 된다 해서 상담목표를 가지고 이야기할 수 있었어요. 이론이 있으니 든든하고, 준비가 되어 있으니 전처럼 당황하지 않고, 뭔가 준비되어 있으면 어떤 일이 일어나도 대비를 할 수가 있잖아요. 그런 것 같아요, 무기? / 전에는 내담자가 중간에 다른 얘기하면 거기 갔다가 헤어 나오지 못하고 그냥 끝나 버리고, 저도 상담목표가 뭔지 명확하지 않은 것도 있고. 예전에는 상담 슈퍼비전 받을 때마다 초보 같고, 자신감 없고, 상담할 때도 전문가 아닌 것 같고, 내담자 만난 후에 제 상담한 것 들을 때마다 항상 그런 느낌이 들었어요.

슈퍼바이저 개입의 의도: 합의목표를 중심으로 내담자의 변화는 반드시 일어난다. 그러나 상담자는 처음에 "아뇨, 내담자의 변화는 없었는데요." 하면서 고개를 갸우뚱거릴 때가 많았다. 아마도 합의목표를 중심으로 내담자의 변화가 반드시 일어난다는 말에 흔쾌히 동의하지 않는 상담자들이 많을 것이다. 만약 내담자의 변화가 일어나지 않았다면 이는 적절하지 않은 목표를 정했거나, 적절한 목표를 정했더라도 그것이 제한된 시간에 이룰 수 없는 불가능한 목표일 가능성이 높다. 이 상담자는 슈퍼비전을 통해 이룰 수 있는 범위 내에서 적절한 목표를 세웠지만, 합의목표에 대한 내담자의 변화를 잘 보지 못했다.

상담의 과정은 상담자가 합의목표를 중심으로 너무 작아서 잘 보이지 않고 그래서 내담자도 미처 몰랐거나 무시했던 변화에 초점을 두고, 이를 내담자와 공유하며 앞으로 더 힘을 내서 한 걸음 더 나아갈 수 있게 축하와 격려를 하는 역동적인 과정이다. 상담자가 내담자와 이런 상담과정을 가지기 위해서는 우선 합의목표 중심의 내담자 변화에 민감해야 한다. 내담자에게 플러스(+) 변화가 일어났다면 두말할 필요 없이 축하해 줘야 할 것이고, 제로(0) 변화나 마이너스(-) 변화가 일어났다면 위로와 격려의 장이 되어야 할 것이다(이명우, 2017). 슈퍼바이저인 필자는 슈퍼비전을 진행하면서 상담자가 보지 못했거나 보긴 했지만 정확하게 보지 못한 내담자의 변화를 구체화하고, 이런 변화와 관련된 변화요인들을 살펴보았으며, 문제 너머에 있던 내담자의 복잡하게 얽힌 마음(자동적 사고 → 중간신념 → 핵심신념)이 어떻게 풀려서 이런 변화가 일어났는지를 인지행동 상담이론을 통해 읽어 낼 수 있도록 이끌었다. 그리고 이런 변화의 메커니즘을 상담 장면에서 내담자가 이해할 수 있는 말로 공유할 수 있도록 지도했다. 물론 이 모든 과정은 줄탁동시의 철학을 바탕으로 상담자가 스스로 풀어낼 수 있도록 기다려 주고 그다음 지도하는 과정으로 이루어졌다. 그 결과, 내담자는 합의목표(친구관계 문제) 외에 임상목표를 달성하였고, 이에 따른 나비효과로 종결 시점에 가족관계 문제의 변화가 일어났다. 또한 상담자는 잘 보이지 않았던 내담자의 변화에 민감해지며 마음속 깊이 내담자를 따뜻한 시선으로 보게 되었고, 내담자한테 휩쓸려 순간적으로 상담의 방향을 잃었을 때에도 내담자의 마음을 먼저 알아주고 다시 상담목표(합의목표와 임상목표)를 다룰 수 있는 여유가 생겼다.

건강한 사람이 일시적으로 가벼운 고민에 빠져서 상담을 요청할 때는 상담자가 내담자의 아픔을 머리로만 이해해도 내담자를 지지하기에 충분하다. 그러나 오랫동안 반복적인 문제를 경험한 내담자에게는 내담자의 아픔을 머리로만 이해하는 상담자가 아무리 공감하고 이해한다고 말해도 마음이 없는 립서비스로만 들리게 된다. 오랫동안 문제를 경험한 내담자의 경우에는 상담자가 내담자의 보이지 않는 얽히고설킨 마음을 머리로 이해하고 가슴으로 느끼고 함께 아파해야만 깊은 차원의 지지를 전달할 수 있다. 그러므로 상담자가 슈퍼비전을 통해 처음부터 상담자 자신의 상담이론으로 내담자의 문제 너머에 있는 보이지 않는 깊은 속마음까지 읽어 낼 수 있는 능력을 키우는 것이 무엇보다 중요하다. 그래야 비로소 상담자가 해당 사례개념화에 기반을 두고 향후 상담과정에서 이렇게 보이지 않는 내담자의 마음을 얼마나 소중히 다루고 있는지 자문할 수 있다. 이런 관점에서 보면 접수면접(또는 접수면접에 해당하는 초기면접과 심리평가) 슈퍼비전, 초기/중기/종결 단계의 상담과정 슈퍼비전, 상담 종결 후 슈퍼비전 중 상대적으로 접수면접(또는 접수면접에 해당하는 초기면접과 심리평가) 슈퍼비전이 단연코 첫단추로서의 중요한 역할을 한다고 볼 수 있다. 만약 상담자가 초기에 자신의 상담이론으로 사례에 대한 개념화가 되지 않아 상담 전체의 로드맵을 그리지 못했다면, 그 이후에 전개되는 상담과정에서 비록 외현적인 상담 성과가 있다고 하더라도 그 변화가 어떻게, 왜 이루어졌는지 제대로 알 수 없게 된다. 따라서 앞의 슈퍼비전 사례의 상담자처럼, 상담자들은 상담이론과 연구 자료 및 심리평가 자료를 통해 접수면접에서 접수된 면담 내용 너머에 있는 내담자의 마음에 한 걸음씩 다가가 내담자의 입장에서 느껴 보고 경험한 결과를 슈퍼비전 또는 자문을 통해 보완할 수 있는 기회를 가져야 한다.

필자는 접수면접을 하는 중이거나 접수면접이 끝난 상태에서 슈퍼비전을 의뢰받으면 상담자가 최소한 1개월의 여유를 가지고 접수면접 슈퍼비전[필자는 이를 '사례개념화 기반 슈퍼비전(접수면접)'으로 칭한다]을 통해 상담을 준비하는 시간을 가질 것을 요청한다. 물론 위기개입을 해야 하거나 어쩔 수 없는 사정으로 곧바로 상담을 진행할 수밖에 없다고 하는 상담자도 있다. 그럴 땐 슈퍼바이저인 필자가 한 발 양보해서 상담자 본인이 향후 전문 영역으로 삼고 싶은 사례가 접수되면 내담자의 여건을 살펴보고 기다려도 큰 무리가 없는 경우 단 하나의 사례라도 내담자와 협의하에 그런 시간을 가질 것을 권한다. 상담자가 내담자에게 "○○님께서 귀한 시간을 내서 오셨는데, ○○님의 접수면접과 심리평가를 개략적으로 살펴보니 상담을 준비하는 시간이 좀 필요할 것 같습니다. 대략 1개월의 시간이 필요할 것 같은데, 그동안 저는 어떻게 하면 보다 나은 상담 서비스를 ○○님에게 제공할 수 있을까 고민하겠습니다. 기다려 주실 수 있을까요?" 하고 협의를 해 보라. 위기개입이 아닌 한, 대부분의 내담자는 오히려 상담자의 진중함에 감사하며, 의외로 기꺼이 그 시간을 기대하며 성실히 기다린다.

이번엔 상담 경력이 약 10년 정도 된 B 상담자에게 필자가 했던 사례개념화 기반 슈퍼비전을 소개하고자 한다. B 상담자는 전화로 간단히 내담자의 상담신청을 받았는데, B 상담자에게는 접수면접을 어떻게 실행할 것인지에 대해 1회, 그리고 실시한 접수면접과 심리평가를 바탕으로 사례개념화를 어떻게 할 것인지에 대해 4회, 총 5회의 사례개념화 기반 슈퍼비전(접수면접)을 실시하였다. B 상담자에게 처음부터 ICCM-X(대상관계 상담이론) 사례개념화 모형에 따라 내담자가 전화로 상담을 신청하면서 제공한 개략적인 정보를 토대로 철저히 준비하여 접수면접을 실행하도록 자문하였고, 접수면접 후에는 해당 접수면접과 심리평가를 바탕으로 내담자가 문제를 경험할 수밖에 없는 이유를 깊은 차원에서 이해하고 겉으로 보이지 않는 그 이유를 풀어 줄 수 있는 구체적인 상담개입을 계획하고 이를 실행할 수 있도록 자문하였다.

전화로 신청한 몇 줄의 내용으로 초기 개념화를 개략적으로 해 보고 접수면접에 들어갔잖아요. 그런데 참 신기하게도 우리가 가설로 짐작했던 대로 큰 윤곽이 맞아 갔어요. 겉으로는 화가 없는 줄 알았어요. 접수면접 전에 개념화로 가설을 세워 보지 않았더라면 잠시 탐색을 놓칠 수도 있었어요. 정말 화가 은근히 많더라고요. / 이미 밑작업을 많이 해서 그런지 접수면접을 하면서 내담자의 말을 듣는 순간 이해가 되었고, 이전에 비해 빨라진 것 같고, 공감도 훨씬 자연스럽게 이루어지는 것 같아요.

슈퍼바이저 개입의 의도: 상담자가 전화로 상담신청을 받으면서 확보한 네다섯 줄의 정보를 가지고 ICCM-X(대상관계 상담이론) 모형으로 전체 개념화 그림(호소문제, 촉발요인, 부적응적 패턴, 유발요인과 마이너스/플러스 유지요인, 임상목표와 합의목표, 상담개입)을 그릴 수 있도록 하였다. 내담자에 대한 정보가 부족해서 개념화를 할 수 없다고, 더 탐색해 봐야 한다고 말하는 상담자들이 많은데, 이런 때는 대부분 관련 정보가 부족해서 개념화를 못하는 것이 아니라 자기의 상담이론으로 내담자의 마음을 읽어 낼 수 있는 훈련이 부족하기 때문인 경우가 많다. 또 "그것은 편견이 아닌가요?" 하고 되물어 오는 상담자들이 있는데, 앞에서 설명했듯이 개념화는 가설일 뿐이고, 접수면접에서 관련 정보로 세운 가설이 틀렸다고 판단되면 곧바로 버려야 한다. 그런데도 "내가 얼마나 힘들게 얻은 가설인데 어떻게 이걸 버려?" 하면서 틀렸다고 판단된 가설을 버리지 않고 내담자에 대해 새롭게 들어오는 정보를 무시하고 마지막까지 처음 세운 가설을 고집하는 것이 편견이다. 처음 확보한 네다섯 줄의 정보로 많은 생각을 하면서 내담자가 접수면접에서 토로할 고민을 심층적인 차원에서 미리 그려 보면 내담자에 대한 이해가 깊어지는 것을 경험할 수 있다. 실제 접수면접에서 지엽적인 정보가 틀렸더라도 새로운 관련 정보로 상담자 본인의 가설을 수정·보완하면 내담자에 대해 더욱 선명하고 빠른 이해가 이루어지는 것을 경험하게 될 것이다.

처음에는 계속 고민했어요. 필요한 정보가 빈칸인 부분이 있어서 다시 녹음을 들어 보고 고민을 많이 했어요. / 접수면접의 내용에 심리평가의 내용을 추가하여 작성하는 게 쉽지 않았어요. 특히 원래 제공된 사례개념화 그림 양식대로 한 장에 정리하려고 했는데 써야 할 부분이 너무 많아서…… 칸이 작은 것 같아서 따로 워드파일로 정리하기도 했어요. / 생각할 수 있는 부분은 다 넣었는데 아직 빠진 부분이 있는 것 같아서 생각이 많았습니다. / 회피적 성향을 보이면서…… 공격성이 보이는 내담자 관련 논문을 찾아 읽어 보니까 내담자의 문제가 더욱 선명히 이해가 되었습니다. / 내담자 입에서 어느 순간 가설로 생각했던 말이 툭 튀어 나왔어요. 정말 신기한 경험을 했어요. / 10점 만점에 6.5 정도 개념화가 된 상태였지만, 더 이상 상담을 대기할 수 없어서 인테이크 슈퍼비전을 그만 받고 상담을 진행했는데도 상담의 효과가 이전에 비해 금방 나타났고, 상담의 회기도 많이 단축되었어요.

슈퍼바이저 개입의 의도: 내담자에 대한 많은 정보를 부적응 패턴을 중심으로 ICCM-X(대상관계 상담이론) 사례개념화 그림 양식(부록 '사례개념화 양식' 참조)에 맞춰 한 장에 입체적으로 정리하는 것은 쉬운 일이 아니다. 이 양식 안에 접수면접의 면담 내용뿐만 아니라 심리평가와 연구 자료까지 종합하여 무의식 차원에 있는 내담자의 보이지 않은 마음을 상담이론으로 담아내려면 고도의 훈련이 필요하다(이명우, 2017). 상담자가 슈퍼바이저와 함께 이 과정을 반복적으로 훈련해야 점차 정교하고 섬세하게 내담자의 얽히고설킨 마음에 도달할 수 있고, 그래야 비로소 정확하게 잡히지 않던, 내담자가 그럴 수밖에 없는 이유가 머리에서 가슴으로 내려와 작동하기 시작한다. 이쯤 되면 내담자는 난생처음으로 자신을 이해해 주는 사람을 만난 기분을 느끼고, 향후 전개될 상담의 개입에 대해 희망과 기대를 갖고 상담자와 치료적 동맹을 맺으며 상담과정에 아주 적극적으로 협력하게 된다.

B 상담자의 상담사례에서는 접수면접 이후 대기할 수 있는 시간이 약 2주 반 정도밖에 없었기 때문에 현실을 감안하여 필요시 1주에 2회씩 바쁜 슈퍼비전을 진행하였다. 그러나 상담자가 내담자에 대해 충분히 사례개념화를 하고 그것이 상담자의 가슴에서 울림이 되어 퍼지기에는 절대적인 시간이 부족하였다. 상담자에게 절대적인 시간이 필요한 이유는 접수면접 사례개념화의 마지막 단계에서 '한 일주일 정도 시간적 여유를 가지고 꼭 그 개념화대로 내담자의 심리 상태가 되어 세상과 관계를 맺어 보며 순간순간 내담자의 일상을 간접적으로 경험'해 볼 필요가 있기 때문이다. 필자가 경험한 바로는 접수면접을 토대로 한 사례개념화대로 내담자가 되어 세상을 보면 내담자가 그렇게 반응할 수밖에 없는 이유가 절절히 느껴짐은 물론이고, 그 짧은 시간 동안 내담자 입장이 되어 봐도 숨이 막힐 정도로 힘든데 수개월 내지는 몇 년에 걸쳐 그러한 상

황을 견뎌 온 내담자가 새삼 대단해 보이면서 존경의 마음이 들곤 했다.

그래서 필자가 슈퍼비전을 할 때는 상담자가 접수면접의 마지막 단계에서 이러한 경험을 할 수 있도록 하기 위해 슈퍼바이저인 필자가 상담자가 되고 슈퍼바이지인 상담자가 개념화대로 내담자가 되어 내담자처럼 느끼고 행동할 수 있는 기회를 충분히 제공하고자 노력한다. 이런 과정을 통해 슈퍼바이지 상담자는 깊은 차원에서 접수면접의 사례개념화가 가슴에서 내면화되는 경험을 할 뿐만 아니라 상담자로서 해당 사례를 앞으로 어떻게 다룰 것인지도 간접적으로 학습할 수 있기 때문이다.

상담을 하면서 겉으로는 내담자에게 공감한다고 말하지만 막상 상담자의 속마음을 살짝 들여다보면 이해되지 않는 내담자의 행동에 짜증도 나고 순간순간 일정한 성과가 나오지 않아 조급한 마음이 들기도 한다. 이러한 현상은 대부분 상담자가 내담자의 문제에 대한 깊은 차원의 사례개념화가 이루어지지 않아 내담자에 대한 이해가 부족해서 일어나는 경우가 많다. 따라서 상담자가 내담자의 준비도와 심리적 상태에 따라 적절한 완급 조절을 하고 최적의 상담개입이 잘 되지 않을 때에는 접수면접 사례개념화의 완성도를 다시 검토할 필요가 있다.

필자가 축어록으로 구체적인 면담의 상황을 제시하고 이에 설명을 더해 접수면접 상담 진행과정을 생생히 전달하려 애쓰고 있지만, 여전히 세부적인 설명 너머의 큰 그림을 공유하기에는 아쉬움이 있다. 그러니 이제 다시 황우찬의 사례로 돌아가 세부적인 설명 너머의 큰 그림을 공유하면서 상담자인 필자가 내담자의 보이지 않는 마음의 핵에 얼마나 가까이 다가서고 있는지 함께 점검해 보자.

먼저 [그림 6] '황우찬의 사례개념화 밑그림(중간 점검)'의 내용을 보면, 큰 틀에서는 초기에 추론한 대로 큰 변화 없이 순조롭게 진행되고 있음을 알 수 있다. [그림 1]은 지금까지 필자가 접수면접을 진행하는 데 유용한 지침이 되었다. 내담자가 해당 내용을 호소하면 이미 가설로 추론했던 것이라 필자는 즉각적인 반응을 보였고, 필요할 땐 내담자의 말을 적절히 요약하며 말하지 않은 마음을 알아주는 데 도움이 되었다. 또 내담자에게 어느 정도 통찰이 생겨 무언지 감은 잡았지만 그것을 언어로 제대로 표현하지 못하는 경우 "이러이러한 것 같은데 어떻게 생각하나요?"라는 질문을 통해 내담자의 생각과 느낌을 정리하여 표현할 수 있도록 안내하였다. 대표적인 예는 〈축어록 #7〉의 상9(그래, 그럼 우찬이가 이제 그만해야겠다고 마음먹은 그 게임은 어때? 게임도 항상 네 곁에서 힘이 되어준 친구였던 거 같은데, 어떻게 생각해?)인데, 이것은 사례개념화에서 플러스 유지요인의 가설로 세웠던 것 중의 하나인 '성취 경험과 재미'에 속하는 것이다. 필자는 '내담자가 사람 대접을 제대로 못 받아서 마음속으로 힘들어할 때' 그래도 인터넷 온라인게임을 하면서 때때로 '성취 경험과 재미'를 누렸던 것이 그간 버티는 힘으로 작용하였을 거라고 생각하였다. 〈축어록 #7〉의 상9 이후에 내담자가 보인 미묘했던 반응을 글로 표현하기에는 한계가 있어 모두 다 담지는 못하겠지만, 내담자가 엄청 긴 뜸을 들이며 "그런가요?"라는 말로 시작해 조금씩 조금씩 마음을 확인하던 장면은 지금도 생생하다. 그것은 분명히 가설 확인 작업을 통해 내담자 자신도 미

107

촌발요인 | 호소문제
(마음에 들지 않는 상황 전개)

촌발요인
(마음에 들지 않는 상황 전개)

호소문제
"학교에 가지 않겠다."
"여러 번 학교에 지각했고"
"인터넷게임에 푹 빠져 있다."
"다른 아이들과 자주 싸운다."
"어머니와 자주 말다툼을 한다."

부적응적 패턴
공격(화와 불만을 노골적으로 드러냄)

유발요인
"어렸을 때는 말 잘 듣는 착한 아이였다."

^

^

"중학교에 들어가면서 달라지기 시작하더니 다른 아이들과 자주 싸운다."

마이너스(-) 유지요인

(주요 타자의 무관심/거부/폭력)
"이젠 감당하기 힘들다."
"학교로부터 상담을 받으라는 권고"

플러스(+) 유지요인

(희망과 낙관)
(성취 경험과 재미)
(주요 타자의 간헐적 관심과 인정)

* 음영 처리된 부분은 현재까지 다루지 않은 것임.

[그림 6] 황우찬의 사례개념화 밑그림(중간 점검)

108 _05 ··· 내담자의 속마음 탐색하기: 유발요인과 유지요인

처 몰랐던 마음을 알아준 상담자에게 고맙다는 표현이었으며, 그 이후 내담자와의 치료적 동맹이 굳건해지는 계기가 되었다.

반면에, 〈축어록 #6〉에서 현재의 '공격'(화와 불만을 노골적으로 드러냄) 패턴 이전에 보였을 '회피적 패턴'의 유발요인(어렸을 때는 말 잘 듣는 착한 아이였다)과 이와 관련이 있을 것으로 보이는 마이너스 유지요인(주요 타자의 무관심/거부/폭력)과 플러스 유지요인(주요 타자의 간헐적 관심과 인정)은 상12(이런 말이 마음속 저편에서 자꾸 나오는 걸까? 다음에 만나서 그 이야기를 좀 더 나누어 보자. 오늘은 이 이야기는 이쯤 하고 다음 시간에 더 여유를 갖고 해 보자, 알겠지?)로 상담의 초점 우선순위에서 차순으로 하는 것이 타당하다는 임상적 판단하에 탐색을 연기하였다.

이와 같이 [그림 1]은 상담을 하기 위한 단순한 지침이 아니라 필요에 따라 면담의 강약 리듬을 조절하는 기준이며, 그냥 평면적인 것이 아니라 다양한 색채를 가진 입체적인 것이다. 아직 사례개념화가 입체적으로 보이지 않는 사람은 마음의 여유를 가지고 상상의 그림을 그려 보자.

[그림 7]은 심리학개론서에서 많이 나오는 그림이다. 이 그림을 전경과 배경을 바꿔 가며 번갈아 보면 한 번은 '노파'로, 한 번은 '젊은 여자'로 보일 것이다. 그림을 번갈아 보며 엉성한 부분을 섬세하게 교정하고 적합한 색감을 선택하여 입혀 보면 평면적인 그림이 입체적으로 보일 것이다. 사례개념화도 이와 마찬가지이다.

이제 [그림 1]과 [그림 6]을 다시 보자. 촉발요인과 호소문제 사이에서 반복적으로 나타나는 부적응적 패턴을 전경으로 중심에 두고, 이 부적응적 패턴이 유발되어(유발요인) 유지되는 과정(플러스/

[그림 7] 노파와 젊은 여자의 얼굴

마이너스 유지요인)을 거쳐 깊게 뿌리내리고 있는 그림을 마음속으로 그려 보면 신기하게도 점점 선명하게 보이기 시작할 것이다. 필자가 처음에 [그림 1]을 마음속에서 대략 평면적으로 그렸다면, [그림 6]은 [그림 1]과 드러난 형태는 비슷해 보이지만 필요에 따라 내담자에게 확인하는 절차를 거쳐 훨씬 더 입체적으로, 더 섬세하게 그렸으며, 색감도 내담자와 함께 가장 적합한 것으로 찾아 입힐 수 있었다. 게다가 [그림 6]은 고정되어 있는 것이 아니라 특정 상황이나 조건에 따라 특정한 움직임과 색채가 선명하게 보이기도 하고, 그 외의 것은 희미하게 배경으로 사라지기도 한다. 그러니까 내담자의 삶에서 때와 장소는 다르지만 내담자의 '마음에 들지 않는 상황'(촉발요인)이 벌어질 때마다 아주 비슷한 증상 또는 호소를 보이면서 짜증이나 화를 밖으로 쏟아 내는 모습(부적응적 패턴)이 활성

화되고, 그 외의 모습들은 배경으로 사라지기를 반복하였다.

사실 [그림 6]은 접수면접 중후반에 접어들어 훨씬 역동적으로 펼쳐졌는데, [그림 6] 위에 [그림 4]의 유형 5(회피 → 수동공격 → 공격)가 보다 구체적으로 선명하게 더해져 내담자가 그동안 힘들어할 수밖에 없었던 이유가 훨씬 입체적으로 드러나기 시작했기 때문이다. [그림 6]에서 보면, 해당 접수면접의 목표와 내담자의 준비도를 고려해서 '공격'(화와 불만을 노골적으로 드러냄)의 유발요인과 마이너스/플러스 유지요인 탐색에 초점을 두고 그 이상은 진행하지 않았다(〈축어록 #1〉~〈축어록 #7〉 참조).

그러나 [그림 1]에서 세웠던 초기의 가설이 [그림 8] '유형 5(회피 → 수동공격 → 공격)와 관련된 황우찬의 유발요인-유지요인 가설'로 선명해져 당장이라도 내담자와 함께 나눌 수 있을 정도에까지 이르렀다. [그림 8]이 역동적으로 다가올 때, 필자는 〈축어록 #6〉에서 상12(우찬아, 오늘 너와 이야기를 해 보니까 이런 생각이 들어. 선생님 말 한번 들어 봐. 처음에는 우찬이가 그냥 '마음에 들지 않아서' 화를 쏟아 내나 했는데, 한참 이야기를 해 보니까 다른 사람들이 우찬이를 '사람 대접'을 해 주지 않아서 화가 났더라고. 가만히 있으면…… 내가 가만히 있으면 사람들이 나를 만만하게 본다는 게 우찬이 마음속에 자리 잡고 있는 것 같아. 그래, 우찬이 마음속 깊은 곳에 무엇이 있길래 "가만히 있으면 만만하게 본다고, 그러니까 사람 대접 받으려면 뾰족한 가시로 찔러야 돼……." 이런 말이 마음속 저편에서 자꾸 나오는 걸까? 다음에 만나서 그 이야기를 좀 더 나누어 보자. 오늘은 이 이야기는 이쯤 하고 다음 시간에 더 여유를 갖고 해 보자, 알겠지?)의 개입을 주도적으로 할 수 있었고, 이에 내담자도 눈물을 훔치며 "네, 알겠습니다."

라는 반응으로 기억의 저편에 의식적으로 또는 무의식적으로 묻어 둔 여러 관련 에피소드를 기억해 내려고 애썼다.

이때 내담자가 그동안 묻어 두었던 아픔의 기억들을 어릴 때부터 차례대로 떠올리도록 하는 것이 아니라 상담자가 상담의 초점을 최근에서 어린 시절의 과거로 점차 옮겨 가며 탐색해 가는 것이 좋다. 내담자 입장에서도 최근에서 과거로의 순서로 기억을 떠올리는 것이 훨씬 쉬운데, 이는 어느 정도 알고 있고 조금만 더듬어 보면 금방 도달할 수 있는 의식 수준에서 짐작도 할 수 없고 단 한 번도 펼쳐 볼 마음조차 없었던 무의식 수준으로 내면화된 경험세계가 차츰차츰 옮겨 가기 때문이다.

이제 필자가 접수면접 이후 상담을 진행하면서 상담과정에서 관련 이슈가 제기될 때마다 내담자의 준비도를 고려해 초점을 둘 예정인 [그림 8]의 가설 부분([그림 8]의 2~4영역)을 황우찬의 반응 패턴을 중심으로 개략적으로 소개하겠다. 앞에서 설명한 바와 같이 실제 상담과정에서는 특별한 경우가 아닌 한 상담의 기회가 되는 범위 내에서 2번 영역의 가설에서 3번, 4번 영역의 가설 순으로 탐색하고 공유하겠지만, 여기에서는 이해하기 쉽도록 내담자가 어릴 때부터인 4번 영역에서 3번, 2번 영역의 순서로 설명하고자 한다.

먼저, 내담자는 어릴 때부터 대부분 회피적 패턴을 보였을 것으로 생각된다. 이는 SCT와 HTP 그리고 MMPI-A의 검사 결과에서도 두드러지게 보이는 증상이다. 회피적 패턴의 유발요인은 아마도 내담자가 어릴 때 있었던 가정 내의 폭력(관련 근거: SCT, HTP, MMPI-A) 에피소드일 것이다.

내담자는 해당 에피소드를 통해 '자신의 색깔을 드러낼수록 존

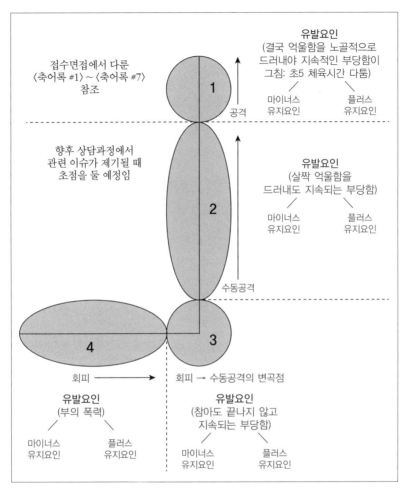

접수면접에서 다룬
〈축어록 #1〉~〈축어록 #7〉
참조

향후 상담과정에서
관련 이슈가 제기될 때
초점을 둘 예정임

유발요인
(결국 억울함을 노골적으로
드러내야 지속적인 부당함이
그침: 초5 체육시간 다툼)

마이너스
유지요인

플러스
유지요인

공격

1

유발요인
(살짝 억울함을
드러내도 지속되는 부당함)

마이너스
유지요인

플러스
유지요인

2

수동공격

4

3

회피

회피 → 수동공격의 변곡점

유발요인
(부의 폭력)

마이너스
유지요인

플러스
유지요인

유발요인
(참아도 끝나지 않고
지속되는 부당함)

마이너스
유지요인

플러스
유지요인

**[그림 8] 유형 5(회피 → 수동공격 → 공격)와 관련된
황우찬의 유발요인-유지요인 가설**

재의 울타리가 점점 깨져 마지막에는 혼자 남겨질지도 모른다는
절대적 두려움'에 오랫동안 휩싸여 있었을 것이고, 이것이 어느 순
간 무의식까지 내려와 내면화되었을 가능성이 높다. 그래서 어떤
마음에 들지 않는 상황이 전개될 때마다 반사적으로 움츠러들고

거리를 두는 회피적 패턴을 보이기 시작했을 것이다. 그리고 어릴 때의 유발요인(가정 내의 폭력) 경험 이후 비슷한 에피소드(주요 타자의 무관심/거부/폭력)를 어느 순간까지 반복적으로 경험하면서 그 두려움이 점점 커지며 굳어 갔을 것이고, 그럴 때마다 회피적 패턴을 선명하게 보였을 것이다(마이너스 유지요인). 물론 회피적 패턴을 중심에 놓고 보니까 내담자의 두려움만이 선명히 부각되는 것이지, 자세히 살펴보면 두려움 주위에 마땅히 보호해 줄 것이라 기대한 주요 타자들(어머니)이 보호해 주지 않음에 대한 분노, 이런 분노마저도 편하게 드러낼 수 없도록 하는 죄책감과 수치심, 언제나 혼자 감당할 수밖에 없는 처절한 외로움, 당장 뭘 어떻게 해야 할지 몰라 쩔쩔매게 하는 불안감과 좌절감이 섞여 있음을 알 수 있다.

내담자는 이런 유발요인과 마이너스 유지요인을 통해 무의식적으로 내면화된 여러 복잡한 마음에 묶여서 마음에 들지 않는 상황이 벌어지면 자신도 모르게 반사적으로 세상과 멀리 거리를 두는 회피적 패턴으로 삶의 무게를 이겨 내며 살아왔을 것이다. 내담자에게 이러한 마이너스 유지요인의 에피소드만 있었다면 아마도 내담자는 회피의 끝자락에서 벌써 정신을 놓았거나 일상적인 소소한 반응도 못할 정도의 회피적 태도를 보였을 것이다. 그러나 내담자는 그렇지 않았다. 그런 의미에서 내담자가 기억을 되살리는 데 다소 시간이 걸리겠지만, 틀림없이 내담자에게는 주요 타자의 관심과 인정(플러스 유지요인)을 간헐적으로 받으면서 '절대적인 두려움'과 그 주위의 부정적인 감정이 순간 누그러져 회피적 패턴이 약해지는 경험이 있었을 것이다.

황우찬의 3영역 가설(회피 → 수동공격 패턴의 변곡점)을 다루기 전에 다음에 발췌·요약해 놓은 Antwone 사례(이명우 역, 2015, pp. 47-48)의 변곡점을 함께 분석해 보자. Antwone의 사례를 읽고 내담자의 첫 번째 변곡점이 어느 위치에 있는지, 그곳에서 내담자가 어떤 에피소드로 고뇌했을지, 그때 어떤 복잡한 마음이 생겼기에 특정한 상황이 되면 그가 항상 동일한 패턴을 보였을지 먼저 생각해 보기 바란다.

① Antwone는 20대 중반의 아프리카계 미국인으로 해군 수병이다. 그는 유능한 수병이지만 성미가 급하고, 최근에는 별것도 아닌 일로 다른 해군들을 때렸다. 가장 최근의 싸움 후, Antwone은 인종차별 때문에 싸웠다고 주장했고, 부대 사령관은 그를 처벌하고 강등시키고는 부대 정신과 의사에게 상담을 받으라고 명령하였다.

② Antwone은 처음에는 정신과 의사에게 상담받기를 거부했지만, 그 의사를 시험해 본 후 협력하기로 했다. 그는 고통스러운 어린 시절을 이야기했는데, 그의 아버지는 격분한 여자 친구에게 살해당했고, 아버지의 여자 친구들 중 한 명이었던 그의 어머니는 감옥에서 그를 낳았고 마약 밀거래 혐의로 기소되었다. 그 이후 그는 아프리카계 미국인 가족에게 위탁보호되었다.

③ 그곳에서 양어머니에게 무시와 (정서적·언어적·신체적) 학대를 번갈아 당했고, 양어머니의 성인 딸에게 성적 학대를 당했다. Antwone은 그 가정에서 입양한 세 소년 중 한 명이었

다. 양어머니는 거들먹거리며 그 셋을 '깜둥이'라고 불렀고, 그들에게 자신의 모든 요구사항을 따르도록 강요하였다. 한 번은 양어머니에게 정신을 잃을 때까지 맞았고, 그 이후 그는 양어머니가 주변에 있으면 공포로 움츠러들었다. 양어머니는 그의 가장 친한 친구인 Jesse를 멸시했는데, Antwone이 성학대를 당한 후 Jesse에게 달려가면 Jesse가 그를 정서적으로 진정시키고 지지해 주었기 때문이다.

④ 15세가 되었을 때, 양어머니가 그를 꾸짖기 시작하자 폭력을 더 이상 견딜 수 없어서 그를 때리려고 든 신발을 붙잡고 양어머니를 위협하였고, 양어머니는 그를 거리로 내쫓아 버렸다. 그 뒤로 그는 부당함을 느끼면 격렬하게 덤벼들었다.

⑤ 부대 정책에 따라 정신건강 클리닉의 상담은 단기로 이루어졌고, 3회기가 최대한이었다. 세 번째 회기에서 정신과 의사는 상담이 끝남을 알려 주며 Antwone에게 그의 진짜 가족을 찾으라고 권했다. 정신과 의사는 그것이 Antwone의 문제를 종결하는 데 중요한 과정이라고 하였다. 격분한 Antwone은 의사에게 대들며, 그의 삶에서 Jesse와 지금 앞에 있는 정신과 의사를 포함한 모든 사람이 자신을 버렸다고 소리 질렀다. Jesse가 편의점을 털고 총에 맞았을 때, Antwone은 그냥 옆에 서 있었을 뿐이라고 말했다. 처음으로 Antwone은 Jesse와 정신과 의사가 자신을 버리는 것 같아 화가 났음을 인정할 수 있었다. 그는 자신의 가족을 찾는 것이 필요하다는 것을 깨달았다.

④번 에피소드(15세가 되었을 때, 양어머니가 그를 꾸짖기 시작하자 폭력을 더 이상 견딜 수 없어서 그를 때리려고 든 신발을 붙잡고 양어머니를 위협하였고, 양어머니는 그를 거리로 내쫓아 버렸다. 그 뒤로 그는 부당함을 느끼면 격렬하게 덤벼들었다)에 첫 번째 변곡점이 있다고 생각하는 상담자가 많을 것이다. ICCM-X(이명우, 2017)에 익숙한 상담자라면 양어머니의 지속적인 폭력에 직접적으로 대들며 때리려고 든 신발을 붙잡고 위협을 가한 것이 변곡점(회피적 패턴 → 공격적 패턴)의 유발요인 에피소드이고, 그 이후의 빈번한 부당한 상황들이 마이너스 유지요인의 에피소드로 작동하여 해당된 복잡한 마음이 굳어져 격렬한 공격적 패턴이 드러난 것이라고 할 것이다.

그러나 필자는 이것이 변곡점은 맞지만 첫 번째 변곡점은 아니라고 생각한다. 만약 상담자가 ④번 에피소드를 첫 번째 변곡점이라고 생각한다면 밑바닥의 아주 큰 복잡한 마음을 놓친 셈이다. 필자가 Antwone을 면담한다면 ③번 에피소드(양어머니는 그의 가장 친한 친구인 Jesse를 멸시했는데, Antwone이 성학대를 당한 후 Jesse에게 달려가면 Jesse가 그를 정서적으로 진정시키고 지지해 주었기 때문이다) 전후에 초점을 둘 것이다. Antwone에게는 눈에 보이는 학대보다 위탁보호 가정에서 버려져 혼자 내쳐질지도 모른다는 보이지 않는 두려움이 훨씬 더 컸을 것이다. 그런데 양어머니가 이 극한의 두려움을 토닥거려 달래 주는 친구 Jesse를 노골적으로 멸시하기 시작할 때쯤, 아주 묘하고 복잡한 마음으로 무의식 차원에서는 한없이 고뇌하고 겉으로는 한동안 회피적 패턴에서 수동공격적 패턴을 보였을 것이다. 이때 Antwone의 내면에서는 온갖 수모를 당하며 참았지만 상황이 더 나아지지 않을 것 같은 무력감에 스스로에 대한 분노가 서서히 올라왔을 것이고, 이전과 달리 극한의 두려움이 몰려올 때마다 찾아가는 마지막 안식처마저 눈치채고 멸시하는 양어머니에 대한 강한 분노도 순간 올라왔을 것이다. 동시에 이런 분노를 드러내면 위탁보호 가정에서 버려져 내쳐질 것 같은 두려움도 여전히 컸을 것이다. 오랫동안 회피적 패턴으로 살아왔던 내담자가 이렇게 두려움과 분노를 같은 크기로 동시에 느낄 때마다 무의식 차원에서는 학대와 폭력을 가하는 사람들과 같은 색깔임을 입증하듯 가해자의 모습을 점점 내면화하여 닮아 갔을 것이고, 그렇게 함으로써 처절하게 느껴지는 절대적인 두려움이 점차 누그러졌을 것이다.

하지만 버려지는 것에 대한 이러한 절대적인 두려움 때문에 Jesse를 멸시하는 양어머니에게 노골적으로 분노를 드러내기에는 아직 약해서 직접적으로 분노를 표출하는 대신에 감당할 수 있을 만한 상황 또는 대상을 통해 간접적으로 화를 풀어 가는 수동공격적 패턴을 한동안 보였을 것으로 짐작된다. 아마도 Antwone은 ③번 에피소드를 통해 회피적 패턴에서 수동공격적 패턴으로 변곡점을 겪으면서 '복잡한 자신의 마음을 다잡고 참으면서 수없이 노력했지만 상황이 나아지지 않고 오히려 친구 Jesse마저 지켜 줄 수 없는 것에 낙담하고 화가 커지면서 동시에 앞으로도 결코 상황이 나아지지 않을 것 같은 무력감과 좌절감이 깊어졌을 때', 양어머니가 그를 꾸짖기 시작하자 폭력을 더 이상 견딜 수 없어서 그를 때리려고 든 신발을 붙잡고 양어머니를 위협하여 결국 가해자인 양어머니에게 직접 분노를 드러낼 수밖에 없었을 것이다.

이렇게 살펴보면 ④번 에피소드를 첫 번째 변곡점으로 볼 때 놓칠 수 있는 그때 그 당시 깊이 묻어 두었던 Antwone의 복잡하고 처절한 마음에 더 가까이 다가갈 수 있게 된다.

이제 다시 황우찬의 사례를 살펴보자. 황우찬도 회피적 패턴으로 긴 시간을 보내고 어느 시점에 이르러 회피에서 수동공격으로 전환되는 지점, 바로 [그림 8]의 가설 3 영역에 이르렀을 것이다. 내담자는 한동안 마음에 들지 않는 상황이 펼쳐질 때마다 회피 패턴과 수동공격 패턴을 번갈아 보이다가 어느 순간 자신도 모르게 수동공격 패턴으로 전환할 수밖에 없는 삶의 변곡점을 겪었을 것이다. 오랫동안 문제 경험을 지속적으로 해 온 내담자들은 대부분 극단적인 경험과 관련된 에피소드 위주로 기억을 하고 주로 이를 호소하는 경향이 있어서, 상담자가 섬세한 관찰과 면담을 하지 않으면 이 변곡점의 에피소드를 놓치기 쉽다. 따라서 상담자는 내담자가 변곡이 되는 지점에서 무슨 일로 고민하고, 어떤 복잡한 마음이 어떻게 생기게 되어 엉켰는지 단단히 가설을 세우고 있어야 한다. 그래야 향후 면담의 기회가 왔을 때 정밀하게 탐색할 수 있고, 자세하게 보지 않으면 상담자마저 무심코 지나칠 수 있는 그 소중한 마음을 다시 잡아 살펴보고 토닥여 줄 수 있기 때문이다.

황우찬은 이 회피 → 수동공격의 변곡점에서 마이너스 유지요인(주요 타자의 무관심/거부/폭력)과 플러스 유지요인(희망과 낙관/성취 경험과 재미/주요 타자의 간헐적 관심과 인정)의 역동적인 관계 속에서 '참아도 끝나지 않고 지속되는 부당함' 관련 유발요인으로 의식 저편에서 싹이 자란 복잡한 마음(자신의 색깔을 드러낼수록 존재의 울타리가 점점 깨져 마지막에는 혼자 남겨질지도 모른다는 절대적 두려움)에만 휩싸여 있으면 자신의 삶을 살아 내는 데 그다지 유용하지 않다는 것을 무의식 차원에서 깊게 느꼈을 것이다. 내담자는 어느 우연한 기회에 '끊임없이 참고 기다려도 끝나지 않고 지속되는 부당함'과 같은 '마음에 들지 않는 상황'이 펼쳐졌을 때 이전과 같이 회피적 패턴으로 대응하지 않고 간접적으로 화를 조금 드러냈을 것이다. 이와 관련된 에피소드(회피 → 수동공격의 변곡점의 유발요인)를 통해 무의식중에 '자신의 색깔을 드러낼수록 존재의 울타리가 점점 깨져 마지막에는 혼자 남겨질지도 모른다는 절대적 두려움에만 갇혀 있다가는 더 나락으로 떨어질 수도 있어. 이럴 땐 간접적으로라도 화를 조금 내는 게 더 좋지 않을까? 그래야 내 존재의 울타리가 더 단단해지고 내가 숨을 쉴 수 있지 않을까?'라고 생각했을 수 있다. 이런 마음 또한 마이너스 유지요인(주요 타자의 무관심/거부/폭력)과 플러스 유지요인(희망과 낙관/성취 경험과 재미/주요 타자의 간헐적 관심과 인정)의 관계 속에서 한동안 다져졌을 것이다. 상담자는 내담자가 자신이 경험한 에피소드의 강도와 통찰 수준에 따라 미세한 변곡점(회피 → 수동공격)을 섬세하게 표현할 수도 있고, 또는 변곡점이 너무 미세해서 그냥 가설 2 영역(수동공격)으로 바로 대체될 수도 있기 때문에 면밀히 살펴볼 필요가 있다. 회피 → 수동공격 패턴의 변곡점을 중심에 놓고 보았기 때문에 내담자가 두려움과 분노 사이에서 무의식적으로 고뇌하다가 특정 상황에서 간접적으로 화를 드러내는 모습이 더 부각된 것이지 여전히 주요 타자들(어머니)이 내담자의 기대대로 하지 않아 일어나는 분노는 점점 커졌을 것이고, 처음에는 이런 분노를 느낀다는 것이 스스로 용납되지 않아 죄책감과 수치심이 컸겠지만 이 변곡점(회피 → 수동공격)을 지나면서 죄책감과 수치심은 다소 무뎌졌을 것이다. 그리고 언제나 혼자 감당할 수밖에 없는 처절한 외로움과 뭘 어떻게 해야 할지 몰라 쩔쩔매게 하는 불안감과 좌절감은 여전히 강하게 있었을 것으로 추측된다.

이제 [그림 8]의 가설 2로 넘어가 보자. 내담자 황우찬이 마음에 들지 않는 상황이 벌어졌을 때 '마음속의 억울함을 살짝 다른 상황 또는 대상에게 처음으로 풀어낸 사건'(유발요인)은 아마도 적을 추격하고 때리고 총을 쏴서 죽이는 '폭력적인 게임'이었을 것이다. 이 즈음 황우찬은 두려움보다 분노가 더 크게 올라와 무의식적 갈등이 심했을 것이다. 분노를 직접 표현하면 더 많이 맞고 이로 인해 가족 내의 갈등이 심해져 지금의 울타리마저 없어질 것 같은 두려움이 더 커졌을 텐데, 변곡점을 지나면서 우연한 기회에 적을 추격하고 때리고 총을 쏴서 죽이는 '폭력적인 게임'으로 분노를 간접적으로 푸는 것이 보다 안전하다는 것을 경험했을 것이다. 그 후 이런 복잡하게 엉킨 마음은 '마음에 들지 않는 상황'(촉발요인)이 벌어지면 마이너스 유지요인(주요 타자의 무관심/거부/폭력)과 플러스 유지요인(희망과 낙관/성취 경험과 재미/주요 타자의 간헐적 관심과 인정)의 관계 속에서 '초등학교 5학년 1학기 때 체육시간에 반 대항 대표로 뽑혀 같이 축구를 하는데도 서로 친한 친구들끼리 작전을 짜고 따돌리더니 막상 지니까 제대로 수비를 못해서 졌다는 소리를 듣고 싸운 일'을 경험할 때까지 유지되었을 것이다.

06 상담목표 합의하기

이제 접수면접 또는 초기면접의 마지막 단계에 접어들어 내담
자와 함께 상담목표를 합의할 때가 되었다. 황우찬은 이미 〈축어
록 #3〉에서 인터넷게임을 지나치게 하는 것을 문제로 인식하고 이
를 중심으로 상담을 하고 싶다고 했다. 따라서 필자는 다음과 같이
관련 상담 욕구를 중심으로 합의목표를 조율하였고, 내담자가 이
해할 수 있는 용어로 개략적인 임상목표와 상담계획까지 공유하
였다.

> **축어록 #8** ··· **합의목표 조율과 임상목표 및 상담계획 공유**

상1: 잠시 다른 이야기를 해 볼까. '게임 많이 하는 것'에 대해 우선
상담을 하고 싶다고 했지? (내: 네~) 우찬아, 나는 게임은 잘
모르지만 그 게임을 하면 정말 재미있지? 네가 게임에 대해
이야기할 때 모습을 보면 정말 재미있다는 표정이거든. (내:
네, 재미있어요.) 그렇구나. 그런데 그것에 대해 상담을 하고
싶다는 것은 게임하는 것을 줄여 보겠다, 줄일 수 있도록 도
와달라는 말이지? (내: 네.) 얼마나 줄이고 싶은데? 선생님과
상담을 해서 줄이고 싶은 너의 목표치는 얼마야?

내1: 이제 안 하게 해 주세요. (상: 뭐라고? 안 하게 해 달라고?)

네, 남들은 대학이니 뭐니 하는데, 저는 대학은 안 가더라도 뭐, 이제 게임은 그만둘 때가 된 것 같아요. 지난번에 얘기한 것처럼 게임할 때는 모르겠는데 게임 끝내고 자려고 할 때나 그다음 날엔 팔목과 목이 많이 아파요. 엄마는 몰라요.

상2: 그래, 엄마는 게임만 하는 우찬이를 늘 말리는 입장이라 이렇게 네가 아픈 건 전혀 짐작도 못하시겠다. 아무리 너의 사정이 그렇다고는 해도 그동안 게임은 너에게 참 좋은 친구였던 것 같은데. (내: 가만히 귀 기울여 듣고 있음) 일상에서 우찬이 마음대로 되지 않을 때 신나게 우찬이 마음을 받아 주고, 남들이 사람 대접 안 해 주고 그럴 때도 우찬이를 대접해 준 친구였을 것 같은데, 그렇지 않아? (내: 네, 게임을 하면 제가 살아 있다는 기분이 들어요.) 그러니까 말이야, 그런 친구와 단번에 절교하겠다는 거잖아. 그럴 수 있을까?

내2: 그렇긴 하네요. 그럼 어떡해요? 지금 마음으로는 전혀 안 해도 될 것 같은데.

상3: 지금 이 순간의 마음은 그렇지. 하지만 그런 마음이 얼마나 쭉 가느냐가 문제지. 그러니까 우리 합리적인 선에서 한번 생각해 보자. 주중에는 쭉 안 해도 되겠어? (내: 주중에요? 막상 안 한다고 하니까 좀 그런데요.) 한두 번 안 하다가 다시 하는 게 아니라 현실적으로 도전해 볼 만한 선 말이야. 음⋯⋯ 주중에 제일 게임을 많이 하게 되는 날, 하고 싶은 날이 언제야? (내: 딱히 없는데요. 열받는 날에는 한판 붙는 게임을 하니까요.) 그렇구나, 그럼 일상에서 열받는 날은 일주일에 한두 번 되니? (내: 네, 그 정도 되죠.) 그럼 말이야, 그런 날은 게임을 하자. 그런 날엔 게임을 하되 학교에서 돌아오자마자 하는 건 안 되고, 저녁을 먹은 후에 하자. 전에는 게임하다 보면 12시 넘을 때가 많았지? (내: 네.) 그럼 몇 시까지 하는 것으로 할까? (내: 11시? 12시?) 12시는 잠자는 데 지장을 줄 수 있으니까 11시가 좋겠다. 어때? (내: 좋아요.) 그럼 우찬이가 주중에 평일은 어떻게 게임을 하기로 했는지 정리해 볼까?

내 3: 열받는 날은 게임을 하는데, 저녁 먹고서 11시까지 한다. (상: 횟수는? 열받을 때마다 하나?) 아니요. 주중에 한두 번 정도. (상: 열받을 때 한 번으로 할까, 두 번으로 할까? 그것도 정하자.) 그냥 두 번으로 해요. (상: 그래, 그러자. 그럼 다시 정리해 볼까? 평일에는 게임을 어떨 때, 몇 회 이내로, 몇 시까지 한다고?) 열받을 때, 2회, 11시까지 한다. (상: 그렇게 마음 정한 거지?) 네. (상: 그럼 주말이 남았네. 주말에는 어떻게 할래? 주말엔 습관적으로 게임 생각이 더 많이 나지 않니?) 네, 그건 그렇죠. (상: 주말엔 어떻게 할래? 우찬이가 정해 봐.) 아침부터 하는 건 말이 안 되고…… 낮 12시부터 밤늦게까지 하는 것도 말이 안 되고. …… (상: 말이 안 되는 것은 아는구나.) (웃음) 네. (상: 우찬이가 게임을 안 하겠다는 마음을 먹었으니까 진짜 안 해도 되고, 하고 싶을 땐 그냥 밤 11시 이내에 끝내기로 하면 어떨까?) 네, 그래도 될 것 같아요. 게임이 전처럼 많이 재밌지 않아서 그렇게 많이 하지는 않을 것 같아요. (상: 그래, 이제 몸도 그만하자고 말하잖아? 그렇지만 주말에는 습관적으로 해 오던 것이라 약간 서운할 것 같기도 하다. 우찬아, 그럼 약간의 자유를 줘서 안 하고 싶으면 안 해도 되고, 하고 싶으면 그냥 밤 11시 이내로 하는 것으로 할까? 어떻게 생각해?) 네, 좋아요. (상: 자, 그럼 우리 이번 상담에서 게임은 어떻게 하기로 목표치가 정해졌는지 마지막으로 정리해 볼래?) 평일은 저녁밥 먹은 후에 밤 11시까지, 횟수는 2번이고, 주말에는 하고 싶으면 하는데 밤 11시까지만 한다라고 정했어요.

상4: 그래, 평일에는 열받는 날이 있으면 2번 정도 게임을 하되 저녁식사 이후에 밤 11시까지 하고, 주말에는 하고 싶으면 하되 밤 11시를 넘기지 않는다. 이게 우리의 목표치다, 알겠지? (내: 네.) 기분이 어때? 상담의 목표를 정한 기분 말이야?

내4: 좋아요, 다 할 수 있을 것 같아요.

상5: 우찬이 마음이 그렇다면, 선생님이 보기에도 우찬이가 금방 그 목표치를 달성할 수 있을 것 같다. 근데 이게 하루아침에 '짠' 하고 되지 않는 거 알지? (내: 네.) 우찬이의 오랜 친구였기 때문에 어떤 날은 우리가 정한 목표대로 무난히 잘 되기도 하고, 어떤 날은 잘 안 되기도 할 거야. '목표치에 도달했다. 오케이. 끝.'이 아니라 목표치에 도달했든 못했든 그때 그 순간 어떤 일로 그렇게 되었고, 그때 우찬이의 마음속에 어떤 마음들이 오고 갔는지 나하고 나누는 것이 더 중요해. (상: 네.) 내 말 무슨 말인지 알겠니?

내5: 네, 알겠습니다.

상6: 그래, 그럼 자세한 것은 상담을 진행하면서 그때그때 조금씩 이야기하자. (내: 네.) 우찬이는 상담이 앞으로 어떻게 진행될지 궁금하지 않니? (내: 네, 조금 궁금해요.) 그렇구나, 그럼 대강 이야기해 줄게. (내: 네.) 앞으로 우리가 약속한 기간 동안에 처음 2~3번 정도는 우리가 만나서 목표치와 관련해 몇 가지 질문을 하면서 어떻게 하면 우찬이한테 가장 어울리는 '고민 해결 키'를 만들 수 있을까, 이런 이야기를 할 거야. 그렇게 해서 우찬이한테 맞는 고민 해결 키가 만들어지면 짧게는 한 3~4번 정도, 길면 4~5번 정도 우리가 만든 그 '고민 해결 키'를 직접 사용해 보면서 그 효과가 어느 정도인지 체크해 볼 거야. 효과가 부족하면 효과가 있을 때까지 계속 교정해서 딱 맞는 키를 만들 거야. 그래서 그 키의 효과가 참 좋다 싶으면 마지막 2~3번은 우찬이 혼자서 두루 사용해 볼 거야. 생활하다 보면 비슷한 상황을 만날 수도 있잖아? (내: 네.) 그럴 때도 그 키를 응용해 볼 수 있을 거야. 대충 이렇게 진행할 건데 더 알고 싶은 게 있어? (내: 특별히…… 없어요.) 그래. 지금 앞으로 상담을 어떻게 진행할 건지 일정을 들었는데, 기분은 어때?

내6: 좋아요. 막 빨리 달리고 싶어요. (상: 그래, 이제 상담해 보고 싶다는 마음이 여기까지 찬 것 같은데?) 네. 그런 것 같아요.

상7: 그래. 그럼 이제 우찬이가 본격적으로 달리기 전에 어머니와 담임선생님을 한번 만나 봐야겠네. 혹시 기억이 나는지 모르겠다. 어머니도, 또 상담을 의뢰하신 담임선생님도 상담이 어떻게 되고 있는지 궁금해하실 것 같아서 상담의 방향이 정해지면 함께 이야기할 수 있는 시간을 마련하겠다고 했었는데, 기억나니? (내: 기억을 더듬어 보는 표정을 지음) 상담목표가 정해지면 지금까지 상담이 어디까지 왔고, 앞으로 우찬이가 도전할 목표치가 무엇이고, 우찬이의 도전을 지켜보며 도와달라고 부탁하는 시간을 어머니와 잠시 가지겠다고 했었고, 담임선생님은 오실 수가 없으니까 전화로 이야기하겠다고 했었는데…… 이제 기억이 나? (내: 네, 대충요.) 그때는 아무 관심도 없다는 표정을 짓고 있었는데, 대충은 기억하고 있구나. 어머니는 다음에 만나 뵈면 될 것 같고, 그 이후에 담임선생님과 통화를 하면 될 것 같은데. 그래도 될까? 우찬이의 생각은 어떠니?

필자는 〈축어록 #8〉의 상1~내4에 걸쳐 내담자와 상호작용을 하며 내담자의 상담 욕구가 구체적으로 합의목표에 반영될 수 있도록 조율함으로써 앞으로 남은 짧은 상담 회기 동안 우찬이가 눈에 보이는 변화를 체험할 수 있도록 하였다.

상담자는 내담자와 합의목표를 조율할 때 주의해야 하는데, 특히 초심 상담자는 더 주의해야 한다. 왜냐하면 내담자들이 합의목표를 조율할 때 약속한 상담 회기 내에 도저히 가시적인 성과를 낼 수 없는 어려운 문제에 도전하겠다는 의지를 보이는 경우가 많기 때문이다. 거기에 초심 상담자의 경우엔 내담자의 문제를 해결해 주고자 하는 상담자의 개인적 욕심이 들어가기도 쉽다.

문제 경험을 오랫동안 해 온 내담자는 일시적으로 도전해 보고자 하는 마음이 일어났을 때 그 마음을 알아주고 지원해 줄 것 같은 상담자를 만나면 순간적으로 불가능한 바람을 서둘러 좇는 경우가 많다. 특히 상담에 대한 동기가 없던 내담자가 이렇게 상담의 의지를 보이면, 상담자는 '아, 이제 내담자와 통하는구나.' 하는 반가운 마음에, 또는 '이제 상담자로서의 내 능력을 인정받는구나.' 하고 자신의 능력을 인정해 주는 내담자에게 고무되어 내담자의 준비도를 고려치 않고 선뜻 내담자가 도전해 보겠다는 불가능한 목표에 합의하는 경우가 많다.

그렇게 합의목표를 정했을 때의 결과는 너무나 자명하다. 상담자는 '일상적으로 문제의 나락에 빠져 있다가 불쑥 마음이 동하면 시도해 보고 또 불쑥 그만두기를 반복하는' 내담자의 내적 역동을 놓치게 되고, 거기에 내담자의 비현실적인 목표를 달성해 주고 싶은 상담자 개인의 욕심까지 더해져 상담자와 내담자는 이후 상담회기에서 멈추지 않고 달리는 기관차처럼 '소진'이라는 함정에 빠지게 되고, 서로 상대방에게 실망하면서 원치 않는 상담 종결에 이르게 된다.

따라서 상담자는 이러한 소진의 늪에 빠지기 전에 내담자와 짧은 치료적 대화시간을 가질 필요가 있다. 상담자는 치료적 대화시간에 내담자에게 상담의 동기가 높아져서 어려운 과제에 도전해 보겠다는 귀한 마음이 생겼음을 확인해 주며, 상담자 자신도 내담자의 이런 마음이 너무 반갑고 꼭 이룰 수 있도록 해 주고 싶은 마음이 있음을 알려 준다. 또한 상담자가 그 약속된 시간에 어려운 과제를 해낼 수 있도록 도와줄 거라고 믿어 준 데 대해 내담자에게 감사의 마음을 전달한다. 이렇게 치료적 대화를 통해 내담자의 마음을 확인해 주고 상담자를 신뢰해 준 점에 감사를 표하는 것으로 만족하고, 합의목표는 내담자의 준비도에 따라 조율해서 정해야 한다. 절대로 내담자에게 비현실적인 합의목표를 합의해 주어서는 안 된다.

상담 초기에 합의목표가 구체적일수록 내담자의 상담 동기가 높아지고, 상담자가 상담을 진행하면서 내담자와 함께 구체적인 합의목표를 기준으로 매 회기마다 어느 정도 합의목표가 달성되고 있는지 모니터링할 수 있다. 상담자는 내담자와 함께 합의목표의 기준점 대비 긍정적인 변화인지[플러스(+) 변화], 그대로 유지되고 있는 변화인지[제로(0) 변화], 오히려 부정적인 변화인지[마이너스(-) 변화]를 선명하게 파악할 수 있고, 필요에 따라 적절한 개입을 구상하여 투입할 수 있다(이명우, 2017). 또한 합의목표가 구체적일수록 합의목표의 변화(+, 0, - 변화)에 따른 임상목표의 변화도 섬세하게 탐색할 수 있으며, 필요에 따라 내담자가 이해할 수 있는 언어로 공유할 수 있다.

필자는 〈축어록 #8〉에서 상5의 개입('목표치에 도달했다. 오케이. 끝.'이 아니라 목표치에 도달했든 못했든 그때 그 순간 어떤 일로 그렇게 되었고, 그때 우찬이의 마음속에 어떤 마음들이 오고 갔는지 나하고 나누는 것이 더 중요해.)을 통해 개략적으로 임상목표를 공유하였다. 앞으로 합의목표의 변화(+/0/-)가 있을 때마다 ICCM-X(정신역동상담이론) 모형의 관점에서 우찬이의 변화를 관찰하면서 필요할 때는 [그림 8] '유형 5(회피 → 수동공격 → 공격)와 관련된 황우찬의 유발요인-유지요인 가설'과 관련된 의식적/무의식적 마음을 확인해 보고, 합의목표의 변화와 직접 관련되는 내담자의 복잡한 핵심 마음을 들여다볼 수 있도록 구체화하여 내담자와 마주 앉아 시간을 들여 보듬어 줄 것이다.

그러나 정확히 표현하자면 사실 필자는 매 회기마다 나타나는 합의목표의 변화에는 크게 관심을 갖지 않는다. 보이는 현상(합의목표)의 변화를 내담자와 공유하면서 그 너머에 보이지 않는 현상(임상목표)의 변화를 감지할 수 있도록 함께 노력할 뿐이다. 예를 들어, 우리가 바다에서 낚시를 한다고 생각해 보자. 낚시를 할 때, 우리는 잡고 싶은 물고기를 낚기 좋은 낚싯대와 미끼를 준비한다. 그러나 물고기가 미끼를 물었을 때 재빨리 낚아채지 못한다면 물고기를 낚는 낚시가 아니라 물고기에게 먹이를 주는 낚시가 될 것이다. 그래서 낚싯대에 낚시찌를 매달아 물에 뜨게 해 둔다. 낚시찌는 눈에 보이지 않는 바다 속에서 물고기가 미끼를 물면 우리가 이를 곧바로 알 수 있도록 해 주고, 낚아채야 하는 적절한 때를 판단할 수 있도록 해 준다.

이를 상담 장면에 대입해 보면, '합의목표'는 우리 눈에 보이지 않는 마음이라는 바다의 흐름을 볼 수 있도록 해 주는 낚시찌에 해당된다. 만약 상담자가 이 합의목표의 변화만 바라보면서 일희일비하느라 그 너머에 있는 보이지 않는 마음의 변화(임상목표)를 알아차리지 못하고 내담자의 복잡하게 얽힌 마음을 함께 풀어내지 않는다면, 이는 낚시꾼이 낚시찌의 흔들림만 멍하게 쳐다보면서 미끼를 문 물고기를 낚아채지 않는 것과 같다.

따라서 상담자가 작은 합의목표를 통해 보이지 않는 복잡하게 얽힌 마음을 풀어 주면(임상목표), 합의목표가 달성될 뿐만 아니라 복잡하게 얽힌 근원적인 마음이 풀어져 조금씩 수면 위로 올라오면서 애초에 목표로 하지 않았던 문제도 해결된다. 설령 문제가 해결되지 않더라도 내담자 스스로 혼자서 풀어낼 수 있는 힘이 생기게 된다. 말하자면 상담의 나비효과가 일어나는 것이다. 만약 상담자가 눈에 보이는 합의목표의 달성 여부에만 집중하거나 임상목표를 다루더라도 복잡하게 얽힌 근원적인 마음의 싹을 깨끗하게 도려내지 않는다면, 내담자는 어느새 다시 복잡하게 얽힌 마음으로 가득 차 원점으로 돌아가게 될 것이다.

그래서 필자는 내담자의 준비도와 상담의 능력을 고려하여 이번 상담에서 이루고자 하는 바를 구체화하였고, 필요하다면 수치로 측정이 가능하게끔 합의목표를 정하였다. 그러니 그다음 전개되는 상담과정은 언제나 즐거운 여정이 될 것이다. 합의목표의 변화가 긍정적으로 일어나면(플러스 변화) 복잡하게 얽힌 마음이 풀린 것을 확인하고 그 마음이 어떻게 해서 일시적으로 풀렸는지 구체화하면서 기뻐하면 된다. 내담자가 매번 이런저런 시도를 해 봐도 꼼짝하지 않고 그대로 유지되거나(제로 변화) 노력을 했는데도 오히려 더 꼬이는 현상이 일어나면(마이너스 변화), 그것은 가설로 생각했던 얽힌 마음이 훨씬 더 강력하다는 신호이거나 아니면 아예 초점이 빗나가 시간만 낭비하고 있다는 신호이다. 그러므로 그 앞에 잠시 멈춰서서 숨을 고르며 희미한 초점을 맞춰 보거나 가설로 생각했던 것보다 훨씬 깊어 전혀 보이지 않는 마음의 조각을 찾으려고 노력하면 된다. 상담자가 그렇게 애써서 조금이라도 찾으면 내담자를 도닥여 힘을 내게 할 수 있는 기회는 또 주어지기 때문이다.

상담자는 내담자와 합의목표를 구체화하고 이어 임상목표를 충분히 공유하였다면 약속한 상담시간이 초기단계, 중기단계, 종결단계에 따라 어떤 내용으로 진행되는지 〈축어록 #8〉의 상6(앞으로 우리가 약속한 기간 동안에 처음 2~3번 정도는 우리가 만나서 목표치와 관련해 몇 가지 질문을 하면서 어떻게 하면 우찬이한테 가장 어울리는 '고민 해결 키'를 만들 수 있을까, 이런 이야기를 할 거야. 그렇게 해서 우찬이한테 맞는 고민 해결 키가 만들어지면 짧게는 한 3~4번 정도, 길면 4~5번 정도 우리가 만든 그 '고민 해결 키'를 직접 사용해 보면서 그 효과가 어느 정도인지 체크해 볼 거야. 효과가 부족하면 효과가 있을 때까지 계속 교정해서 딱 맞는 키를 만들 거야. 그래서 그 키의 효과가 참 좋다 싶으면 마지막 2~3번은 우찬이 혼자서 두루 사용해 볼 거야. 생활하다 보면 비슷한 상황을 만날 수도 있잖아? 그럴 때도 그 키를 응용해 볼 수 있을 거야. 대충 이렇게 진행할 건데 더 알고 싶은 게 있어?)과 같이 개략적으로 공유하는 것이 좋다.

상담의 초기단계에서는 '탐색의 시간'이 필요하다. 상담자가 이미 주호소문제와 관련된 배경을 구체화하면서 드러나 보이는 현상(합의목표)과 보이지 않는 현상(임상목표)의 상담 방향을 설정했지만 여전히 관련 이슈들이 선명하게 드러나지 않고 남아 있을 경우 초기단계에서 그것을 추가적으로 탐색해야 한다.

중기단계에 접어들면 합의목표와 관련해서 내담자가 뭔가 해결안을 선택하고 그것을 실행해 보는 경험을 하게 된다. 이때에는 초기단계에서 합의한 합의목표와 관련해서 '어떤 상황일 때 합의한 목표가 조금이라도 일상생활에서 이루어지고, 또 어떤 상황일 때 합의한 목표가 일상생활에서 전혀 이루어지지 않는지' 그 해당 장면 또는 에피소드를 탐색하고, 그때마다 내담자의 복잡하게 얽힌 마음도 함께 보듬어 주는 것이 필요하다. 중기단계에서는 먼저 합의목표와 관련된 내담자 나름의 유용한 해결안을 선택하고, 그것의 유용성을 높이기 위해 직접 적용해 보며 합의목표를 달성하는 데 최적의 대안이 될 수 있도록 계속 수정하고 보완하는 작업을 한다. 많은 상담자가 중기단계에서 합의목표와 관련된 해결안을 만들어 낼 때 내담자의 여건을 고려하지 않고 객관적으로 좋아 보이는 해결안을 제시할 때가 있는데, 이는 일시적으로 내담자에게 도움이 될 수 있지만 장기적으로는 내담자가 다시 원점으로 돌아갈 가능성이 높다. 따라서 상담자는 겉보기에 내담자에게 합의목표에 대한 해결안이 아무것도 없는 것처럼 보이더라도 잘 찾아보면 틀림없이 조금이라도 유효한 내담자 나름의 해결안이 있으므로 이를 탐색하여 합의목표의 실행안을 만들 때 반영하는 것이 좋다.

종결단계는 내담자의 협조하에 상담의 노하우를 관계자(배우자, 부/모, 가족, 친구, 교사 등)와 공유함으로써 내담자와 내담자 관련 체제와의 관계를 더욱 공고하게 하여, 상담이 종결된 후에도 보호자 및 친구 등의 관련 지원 체제의 보살핌 틀 안에서 내담자가 해당 변화를 지속적으로 유지할 수 있도록 격려하는 단계이다. 그러므로 종결단계에서는 상담자의 개입이 없어도 내담자 혼자서 합의목표와 유사한 상황이나 장면에서 최적의 대안(최종의 유용한 해결대안)을 두루 활용하고 일반화할 수 있도록 격려와 지지를 해 주는데 역점을 두어야 한다.

필자는 접수면접 이후에 초기면접을 시작하기 전에 내담자에게 상담의 규칙으로 합의목표가 설정되면 관계자(배우자, 부/모, 형제자매, 교사, 친구 등)와 공유하거나 필요하다면 내담자와 보호자 간의 충분한 대화를 통해 합의목표를 조정할 수도 있다는 것을 알려 준다. 이에 근거하여 초기면접이 끝날 때 합의목표가 일차적으로 설정되면 내담자의 동의하에 이를 관계자와 공유한다. 또 합의목표에 대한 보호자나 의뢰자의 생각이 달라서 조정이 필요한 경우에는 서로 조율하여 최종적으로 실현 가능한 목표를 재설정하기도 한다. 일반적으로 상담은 비밀유지가 원칙이지만, 이때 내담자가 동의한다면 보호자 또는 관계자와 합의목표뿐만 아니라 임상목표와 상담계획도 포괄적으로 공유하는 것이 좋다. 합의목표와 임상목표 그리고 상담계획을 내담자의 동의하에 보호자 또는 관계자와 공유하게 되면, 상담을 진행하는 동안 이들이 내담자의 든든한 지원자 역할을 하여 내담자가 일상생활에서 새로운 도전을 할 때 상담자를 대신해 격려해 주고, 지속적으로 상담 효과를 유지하는 데 큰 힘이 되어 주기 때문이다.

황우찬의 사례는 학교에서 친구들과 다툼이 있어서 담임선생님의 권고로 상담실에 온 사례이다. 우찬이는 처음 상담실에 올 때 상담을 원치 않았던 전형적인 비자발적 내담자였고, 상담실까지 동행한 삼촌은 비자발적인 내담자가 딴 곳으로 가지 않고 곧바로 상담실로 올 수 있도록 압력을 행사하는 경호원이었으며, 어머니는 담임선생님의 상담 권고를 빨리 이행하고 생업으로 돌아가야 하는 단순 의뢰자였다. 접수면접이 있던 날, 경호 임무를 맡았던 삼촌은 상담실에 비자발적인 내담자를 인계하자마자 자신의 임무를 다 했다는 듯 금방 돌아갔고, 어머니는 내담자가 상담을 받지 않겠다고 버티니까 상담을 받아야 하는 이유를 빨리 설명하고 싶다며 내담자보다 먼저 시간을 내달라고 요청했다.

필자는 접수면접을 시작하기 전에 내담자가 누구인가를 분명히 할 필요가 있다고 생각했다. 확인한 결과, 어머니는 생업으로 개인상담 또는 가족상담에 응할 수 있는 상황이 아니었고, 우찬이는 학교 담임선생님의 권고로 상담을 받아야 했기에 상담실에 억지로 온 상태였다. 그렇다면 접수면접에서 황우찬 내담자를 먼저 만나서 상담의 동기를 끌어올린 후 필요하면 어머니와의 개별면담을 천천히 진행하는 것이 타당하다고 판단하였다. 비자발적인 내담자의 경우, 내담자가 아닌 보호자와 먼저 면담을 진행하게 되면 상담자가 내담자에 대한 정보를 제공한 보호자의 시각에서 내담자를 보는 편견에 빠질 가능성이 높고, 그렇지 않아도 하고 싶지 않은 상담을 받아야 할 내담자에게는 상담자와 보호자가 사전에 짜는 것으로 비춰져 지속적인 비자발성의 명분을 줄 수 있기 때문이다.

그래서 필자는 접수면접 시작 전에 이를 분명히 하기 위해 공개적으로 내담자와 보호자/의뢰자(어머니)를 같이 만나서 접수면접의 면담은 이렇게 내담자와 보호자를 함께 만나 간단하게 상담의 전체 과정과 절차를 우선 안내하고, 개별면담은 내담자인 우찬이와 먼저 하고 그 후 보호자(어머니)와 진행하며, 개별면담이 끝나면 다시 내담자와 보호자를 함께 만나서 접수면접을 마무리할 것이라고 알려 주었다. 그러나 우찬이와의 첫 번째 접수면접에서 비자발적인 내담자를 동기화하여 면담을 이끌어 가는 데 너무 많은 시간이 소요되어 결국 어머니와의 개별면담은 전화상담 내용으로 대신하고 필요하다면 다음에 하기로 하고, 마지막으로 내담자와 보호자를 함께 만나 첫 번째 접수면접을 마무리했다. 그렇게 접수면접을 마무리하면서 필자는 이번 첫 번째 접수면접에서 미처 다 하지 못한 것이 있어서 추가적인 접수면접을 해야 할 필요가 있다고 설득하였고, 추가적인 두 번째 접수면접은 생업에 바쁜 어머니를 배려하여 내담자가 혼자 방문하는 것으로 약속하였다. 그리고 추가적인 구조화를 통해 어머니는 반드시 초기/중기/종결의 각 단계에서 1~2번 정도는 내담자와 함께 방문하기로 약속하였다. 초기단계에서는 정해진 합의목표에 대해 함께 이야기를 나누는 시간을 가질 것이고, 중기단계와 종결단계에는 내담자가 상담의 목표를 지속적으로 실행할 수 있도록 옆에서 어떻게 부모 역할을 할 것인지 내담자와 함께 논의하기로 하였다.

이런 약속에 따라 합의목표가 설정된 후 우찬이 어머니를 상담 장면에 초대하여 내담자가 합의목표를 직접 말하고 공유하는 시간을 가졌다. 이때 어머니는 전혀 상담을 받지 않을 것 같았던, 받더라도 몇 번 흉내만 내다가 말 것 같았던 아들이 적극적으로 상담에 임하는 태도를 보고 놀라고 감동하면서 추가적으로 내담자가 호소한 문제들도 고쳐지기를 희망하였다. 이에 필자는 어머니의 마음은 충분히 이해하지만 짧은 상담시간에 합의목표를 제대로 달성하는 것만으로도 내담자 입장에서는 엄청나게 큰 도전임을 설명하며, 비록 어머니가 보시기에 작아 보이지만 합의목표를 통해 내담자의 복잡하게 얽힌 마음(임상목표)을 다루다 보면 의외로 더 큰 효과를 경험할 수 있으므로 어머니께서 계속 관심을 가지고 격려해 주실 것을 요청하였다.

또한 황우찬의 사례는 담임선생님의 권고로 상담이 의뢰된 사례이므로, 필자는 접수면접을 마무리하면서 내담자와 보호자 앞에서 담임선생님과도 초기/중기/종결 단계에서 각각 1번 정도 전화 통화를 하여 내담자가 공개해도 좋다고 합의한 범위 내에서 담임선생님과 상담 내용을 공유하며 내담자의 상담에 대한 궁금함을 풀어 주고, 우찬이가 해 보지 않은 것을 도전하는 데 협조적인 관계를 요청하겠다고 이야기하였다. 따라서 필자는 이에 근거해 합의목표가 설정된 후 내담자와 공개의 범위를 의논하여 정하고 이를 담임선생님과 공유하면서 내담자의 호소문제에 대한 의견을 교류하고, 앞으로 진행되는 상담 기간 동안 조력자 역할을 해 주실 것을 요청하였다.

내담자인 황우찬은 〈축어록 #8〉의 상7(어머니는 다음에 만나 뵈면 될 것 같고, 그 이후에 담임선생님과 통화를 하면 될 것 같은데. 그래도 될까? 우찬이의 생각은 어떠니?)에서의 질문에 바로 대답하지 못하고 한참을 머뭇거렸다. 처음에는 그냥 '상담은 대개 그렇게 진행되나 보다.' 하고 생각했는데, 막상 어머니와 담임선생님하고 공유한다고 하니까 어린애도 아닌데 상담실에 와서 한 이야기를 어머니와 담임선생님한테 보고하는 것 같아서 썩 내키지 않는다고 말했다. 이때 필자는 내담자가 이전과 달리 속으로는 불퉁해하면서도 자신의 생각을 솔직하게 이야기하는 변화된 모습에 감동하였다. 그리고 내담자와 짧은 대화를 하면서 내담자가 상담 내용을 어머니와 담임선생님과 공유하고 싶어 하지 않는 진짜 이유를 알 수 있었는데, 그것은 어머니나 담임선생님이 상담 내용을 자세히 알게 되면 자신의 삶에 일일이 관여하여 더 불편한 관계가 될까 봐 걱정됐기 때문이었다. 내담자는 지금까지 살면서 일상생활에서 속내를 드러낸 적이 없었고, 드러내면 오히려 싸움이 되었던 기억이 전부였다. 그래서 필자는 내담자에게 내담자가 걱정하는 그런 일은 결코 없을 것이며, 오히려 내담자가 상담을 통해 이루고자 하는 목표를 일상에서도 잘 실행하는 데 어머니와 담임선생님이 큰 도움이 될 것이고, 이들과도 예전과는 전혀 다른 새로운 관계를 맺을 수 있는 기회가 될 것이라며 함께 노력해 보자고 설득하였다.

　사실 필자가 내담자와 상담목표를 합의한 후 어머니와 담임선생님에게 상담 초기에 합의한 목표를 중심으로 임상목표와 상담계획을 공유하면서 앞으로 내담자가 합의목표를 달성할 수 있도록 상담자도 노력할 테니 어머니와 담임선생님께서도 힘이 되어 달라고 요청했을 때부터 이미 변화가 시작되고 있었다. 내담자는 주요 지지자인 어머니와 담임선생님에 대한 부정적인 생각(나에 대해 자세히 알려 줄수록 간섭하면서 바꾸라고 강요하고 힘들게 할 거야. 결국 싸움으로 끝나게 될 걸.)이 마음속에 깊이 자리 잡고 있음을 보게 되었고, 이를 밖으로 드러내어 들여다보니 실제로 그런 일이 일어난 것이 아니라 그렇게 될까 봐 자신이 지레 겁먹고 있음을 깨닫게 되었다. 그리하여 내담자는 복잡하게 얽힌 마음이 여전히 남아 있음에도 불구하고 용기를 내어 합의목표 위주로 자신의 모습을 어머니와 담임선생님에게 공개하고 앞으로 지켜봐 달라는 메시지를 전하기로 마음먹었다. 이 얼마나 놀라운 진전인가? 만약 필자가 이런 처지에 놓였다면 복잡하게 얽힌 마음을 드러내어 들여다보고 결코 넘어가 보지 않았던 경계를 넘어설 용기를 낼 수 있을까? 결코 장담할 수 없다.

　어머니도 이런 미세한 내담자의 변화에 반응하였다. 어머니는 내담자와 함께 면담을 하자마자 내담자가 그간 직접 해 보지 않았던 표현들을 하느라 어색해하면서도 무언가를 해 보려고 적극적으로 임하는 태도를 보고 울먹거릴 정도로 감동하였다. 어머니는 감동이 너무 큰 나머지 내담자가 하는 말은 금방 이루어질 것이니 그 외의 다른 바람도 이번 상담에서 해결되기를 바란다고 이야기했다. 필자는 내담자와 함께 어머니의 이야기를 들으면서 미소를 지었다. 그러면서 '고맙습니다. 그러나' 어법으로 어머니의 마음을 왜곡하지 않고 내담자와 함께 나누었다.

"어머니께서 우찬이의 변화에 큰 감동을 받으신 것 같습니다. 우찬이가 처음 올 때와 지금이 참 많이 다르죠? (어머니: 네, 놀랐어요. 우리 아이가 이런 적이 없었거든요.) 맞아요. 비교가 되지 않을 만큼 눈빛이 확 달라졌죠. (어머니: 네.) 그래서 어머니께서 이번 기회에 우찬이가 하려고 하면 더 잘 할 수 있겠다는 믿음이 많이 생긴 것 같습니다. (어머니: 네.) 어머니, 그동안 우찬이가 해낸 것을 높이 평가하시고 다른 것들도 해낼 수 있겠다는 마음을 보여 주셔서 고맙습니다. 그러나 어른들도 새해가 되면 다이어트를 하겠다, 금연을 하겠다, 여러 목표를 세우지만 대부분 작심삼일로 끝날 때가 많잖아요? 우찬이가 이번에 세운 합의목표를 한두 번 성취했다고 해서 또 다른 목표에 도전해 가시적인 성과를 보이라고 종용하면 다시 원점으로 돌아가고 말 겁니다. 이번 상담을 통해 합의목표를 중심으로 우찬이가 그동안 많이 쌓아 두었던 복잡하게 얽힌 마음을 정리하고 말끔히 털어 내야 여기서 합의했던 목표가 시간이 지나도 흔들리지 않고 유지될 거예요. 그런데 그런 마음을 들여다보고 털어 내는 것이 결코 쉬운 일은 아닙니다. 그래도 복잡한 마음을 조금이라도 털어 버리고 우찬이가 오늘 이렇게 용기를 내어 여기까지 온 것은 정말 대단한 일이죠."

필자가 이렇게 내담자에 대한 보호자의 감동이 '더 많은 것을 해낼 수 있겠어.'라는 욕망으로 바뀌는 부분을 적절히 통제했더니, 완전히 금이 가기 직전의 어머니와 아들의 관계도 한 줄기 회복의 조짐이 보이기 시작하였다.

우찬이의 담임선생님도 반갑게 전화를 받으면서 그간 학교에서 있었던 내담자의 작은 변화(눈빛이 부드러워짐, 상담실에 기꺼이 가고자 함, 친구들과의 말썽을 부리지 않음 등)를 이야기하며, 어머니가 그랬던 것처럼 빠르고 많은 성과를 기대하였다. 필자는 담임선생님에게 필자 자신과 우찬이를 많은 성과를 낼 수 있는 능력 있는 상담자와 내담자로 봐 주심에 대해 '고맙습니다. 그러나' 어법으로 응대하면서 임상적 설득을 하며 협조를 구했고, 이에 담임선생님도 기꺼이 든든한 지원자 또는 협력자가 되어 주겠다고 약속하였다.

이렇듯 상담자가 상담 초기에 내담자와 협의한 비밀공개의 범위 내에서 상담의 합의목표를 지지자 또는 보호자와 공유하고, 필요하면 일부 조율하면서 이들과 촉진적 관계를 형성함으로써 지지자 또는 보호자와 내담자의 관계가 조금씩 회복될 수 있도록 양쪽을 이어 주는 역할을 하는 것은 중요한 일이다. 상담의 궁극적인 목적은 상담 종결로 조력자인 상담자가 빠져도 상담실에서의 성공 경험이 내담자의 일상생활에서 보호자와 지지자의 관계 속에서 유지 또는 확대되어 가도록 하는 데 있기 때문이다.

상담자는 상담의 비밀유지 원칙을 지켜야 한다. 그러니 아주 특별한 경우를 제외하고는 가급적 비밀을 공개해서는 안 된다. 내담자는 상담자와의 상담관계에서 비밀유지가 전제되어야 마음속에 있는 여러 가지 색깔의 복잡한 마음을 터놓고 이야기할 수 있고, 상담의 비밀유지 원칙은 궁극적으로 범법적 행위를 하지 않는 한 약자인 내담자의 고유한 인권을 보호하고 존중해야 함을 내포하고 있기 때문이다. 그러나 필자는 상담자들이 이 원칙에 얽매인 나머지 내담자가 비밀의 벽에 둘러싸여 영원히 홀로 남겨지도록 한다면 그러한 상담도 올바른 상담은 아니라고 생각한다. 만약 비밀유지의 원칙만을 고수하면서 내담자의 공개를 두려워하는 마음 너머에 숨어 있는 관계의 욕구를 보지 못하고 설혹 봤더라도 가볍게 여기는 상담자가 있다면 이렇게 묻고 싶다. 상담자가 상담이란 이름으로 내담자가 평생 주위 사람들과 더 높은 담을 쌓고 살도록 도울 것인가? 상담자가 내담자를 평생 보살피고 키우는 부모의 역할을 대신 해 줄 것인가?

여기에서 한 사례를 소개하고자 한다. 이 사례는 내담자가 비밀유지라는 벽에 갇혀 그간 가늠하기 어려웠던 마음 한 조각을 조심스럽게 공개함으로써 합의목표를 달성함은 물론 일상에서 어그러졌던 관계까지 회복한 사례이다. 필자는 친정 부모님의 상심이 클까 봐 이혼의 아픔을 혼자 견디며 씩씩하게 아들을 키우는 모습만을 보여 주는 30대 후반의 내담자와 상담을 한 적이 있다. 내담자는 외동딸이었다. 그녀는 심한 우울증으로 부모님 몰래 약물치료와 상담을 병행하고 있었는데, 합의목표가 설정되자 이를 공유할 일상의 관계를 찾는 과정에서 필자는 그녀에게 친정 부모님과 공유할 것을 권하였다. 이미 이혼한 전남편은 당연히 해당 사항이 없었고 친구도 없었기 때문이다. 내담자는 처음에 완강히 거부하였는데, 필자가 비밀유지의 원칙만을 고수하여 내담자의 완강한 거부 의사를 받아들였다면 '완강한 거부' 너머에 있는 내담자의 마음을 놓치고 다루지 않아서 종결 이후에도 내담자는 그 담 속에 영원히 갇혀 있어야만 했을 것이다. 필자는 합의목표를 부모님과 공유하길 거부하는 내담자의 의사 너머에 있는 마음에 대한 임상적 가설을 확인하는 과정에서 이와 관련된 복잡하게 얽힌 의식적 차원의 마음뿐만 아니라 무의식 차원의 마음까지 만날 수 있었다.

"부모님이 결혼하기를 원하는 남자를 거부하고 결혼만은 내가 원하는 사람과 해야겠다는 마음에 서둘러 결혼했는데 그게 실패로 끝났어요. 이건 다시 부모님한테 잡혀 살아야 한다는 것을 의미하는 거예요. 내가 이 일로 힘들다고 조금만 티를 내도 부모님은 자초지종은 듣지도 않고 그때 하지 말라고 했는데 그렇게 고집부리고 하더니만 잘되었다는 투로 야단치는 분들이세요. 나의 상태에 대해 공개하고 이야기하면 부모님은 앞으로 평생 부모님의 요구에 순종하라고 강요할 것이 뻔해요. ……(중략)…… 마음 한편에 혼자 제대로 뭔가를 해내지 못할 거라는 두려움이 이렇게 클지 미처 몰랐어요. 사람들이 성인 되어서도 그러냐고 비웃는 것 같아서 혼자 끙끙 앓다가 지쳐요. 내 안에 이렇게 사랑받고 싶은 마음이 큰지 몰랐어요. 내가 약한 소리를 하거나 아프다고 하면 어머니가 훌쩍 떠나 버리고 나 혼자 덩그러니 남겨질 것 같은 두려움, 두 분이 싸울 때마다 혹시 나 때문인가, 내가 잘못해서 그러나 해서 힘들었던 마음이 오늘에야 보이기 시작하네요."

이렇게 합의목표를 공유하는 것에 대한 '완강한 거부'를 통해 선명히 드러난, 여태까지 두려워서 결코 드러내 보지 못했던 내담자의 복잡한 마음을 상담과정(초기/중기/종결 단계에서 각 1회씩)에 부모님을 초대하여 합의목표와 관련된 도전의 결과를 중심으로 공개하였다. 그러나 내담자가 예상했던 '약한 모습을 보임으로써 일어날 잇따른 분란(의식적 차원)'은 일어나지 않았다. 뿐만 아니라 '해

143

내지 못하고 아프다고 말해서 받게 될 거라고 예상한 상처(무의식
적 차원)'도 입지 않았고 혹여 그것이 있더라도 예상한 만큼 그렇게
끔찍하지 않다는 것을 확인하는 기회가 되었다.

07 초기단계: 합의목표와 임상목표 다루기

축어록 #9 ··· **초기단계: 합의목표와 임상목표 다루기**

상1: (악수를 하며) 반갑다, 우찬아. 정말로. (미소를 띠고 얼굴을 쳐다보면서) 오는 데 어려움은 없었니? (내: 네.) 이제 혼자서도 잘 오네. 발걸음이 가벼워 보이는 것도 좋고. 여기 처음 올 때는 오고 싶지 않은 걸 마지못해 왔는데 이제는 우찬이가 이곳에 마음을 많이 두고 온 게 보여서 참 반갑다. (내: 얼굴에 미소) 지난번에 어머니가 오셔서 우리가 앞으로 무엇을 할 것인지, 그 합의목표에 대해 함께 이야기했지? (내: 네.) 어머니도, 담임선생님도 두 분 모두 비슷하게 이번 기회에 더 많은 것을 해 달라고 요청하셨는데, 그래도 우리가 하는 것을 충분히 이해하시고 우리의 목표가 달성되도록 적극 도와주기로 하셨어. 그런데 혹시 그 이후에 상담실 밖에서 어머니나 담임선생님이 우리가 세운 목표 말고 뭘 더 해야 한다고 다른 말씀을 하지는 않으셨니? 그게 궁금하네.

내1: 별로 없었어요. 그냥 잘 해 봐, 열심히 해, 그 말만 하셨어요.

상2: 그래, 난 우찬이가 따로 불려 가서 뭔가를 더 하라는 압력을 받지나 않았을까 걱정했는데 그런 일은 없었구나? [내: (미소를 지으며) 네, 없었어요.] 다행이네. 자, 그럼 이제 우리의 목

145

표는 담임선생님과 어머니의 든든한 지원 아래 진행되는 것으로 이해하면 되겠지? (내: 네.) 우리의 목표가 뭐였지?

내2: 어, 평일에는 2번 정도 하고. …… (상: 늘이 아니고 특별히 열받는 날이 있으면 2번 정도 할 수 있고.) 아, 네. (상: 그리고?) 어…… (상: 몇 시를 넘기지 않는다고?) 밤 11시요. (상: 그리고 주말에는?) 해도 되는데 11시를 넘기지 않는다. (상: 그래, 담임선생님과 어머니도 도와주기로 하셨으니까 우리 열심히 해 보자!) (경쾌하게 고개를 끄덕거리며) 네.

상3: 좋아, 그럼 우리 출발점을 한번 확인해 볼까? 상담실에 오기 직전이야, 10점 만점에 몇 점 정도 될까? [내: (머뭇거리며) 빵점이죠.] 뭐? 빵점? 그 받기 어려운 빵점을 준 근거라고 할까, 이유는 뭘까 얘기해 줄 수 있어?

내3: (머뭇거리며) 학교에 가든 안 가든 게임만 했으니까요. (상: 그래서 0점이라고 생각하는 거야?) 네. (상: 자, 그럼 상담을 마칠 때에는 10점 만점에 몇 점 정도 되면 만족할 것 같아?) 7, 8점은 돼야 할 것 같아요. (상: 지난번에 목표 세울 때는 당장 게임 그만둬도 될 것 같더니 마음이 바뀌었어?) 아, 바뀐 것은 아니고요. 선생님 말씀대로 완전히 그만두는 것은 쉽지 않을 수 있겠다는 생각이 들어서요. 1, 2번 정도는 어길 수도 있으니까요. (상: 그렇구나. 그러니까 그 말은 잘 하겠지만 굳이 점수로 따져 보자면 1~2번 정도 어길 수 있는 여유를 두겠다는 걸로 이해하면 될까?) 아, 네. 그 말이에요.

상4: 그래, 알겠다, 알겠어.

…… (중략) ……

상7: 선생님이 궁금한 것이 있는데, 이전에는 항상 빵점이었어? 그러니까 내 말은 어떤 때는 좀 덜 하는 때도 있지 않았을까? 우찬이가 어떤 때 또는 어떤 상황일 때 게임을 좀 덜 했는지 그걸 알면 앞으로 원하는 상담목표를 달성하고 유지할 수 있는 우찬이만의 방법을 만들어 내는 데 많은 도움이 되거든. [내: (시선을 아래로 비껴 바닥을 내려다보며 생각에 잠긴 표정으로) 아, 네.] 분명히 있을 거야. 게임을 덜 한 날을 떠올려 봐. 그때 무엇 때문에, 어떻게 해서 게임을 덜 하게 되었는지. 그럼 같이 생각해 보자. 혹시 최근에 게임을 덜 한 날이 있었어? (내: 네.) 언제? (내: 2, 3주 전일 텐데…… 정확히 모르겠어요.) 그래, 그날은 평상시보다 많이 안 했어? (내: 네.) 얼마나? (내: 12시를 넘기지 않고 곧바로 잤던 날이 있었어요.) 그래? 도대체 그날은 무슨 일이 있었기에 새벽까지 게임을 하지 않고 12시 안에 잤을까? 궁금하네?

내7: (생각을 마무리한 듯 빠른 말투로) 제가 농구를 좋아하거든요. 그날은 농구를 오후 내내 했어요. 그래서 땀도 많이 흘렸고요. 집에 와서 샤워하고 밥 먹고 게임을 했는데, 피곤했는지 11시 넘어가니까 졸립더라고요. (상: 저런, 우찬이가 그 좋은 게임을 앞에 두고 무례한 행동을 했구나.) (웃으며) 그러고 보니까 제가 그날은 게임을 덜 했네요.

상8: 그 좋은 친구인 게임이 농구한테 밀릴 때도 있다니, 참 신기한 일이구먼. [내: (미소를 지음)] 혹시 그 이전에도 농구나 다른 운동을 한 날은 게임을 늦게까지 하는 경우가 좀 적지 않았니? (내: 잘 기억은 안 나는데, 그런 날은 덜 했을 것 같아

147

요.) 무슨 말이야? 정확히 모르겠지만 그런 것 같다고? (내:
아마도요.) 응? (내: 생각해 보니까 그런 날은 덜 했어요.) 운
동을 하면 당연히 운동한 그 시간만큼은 게임을 덜 하는 것이
맞아. 나는 늦게까지 안 했나 하는 것이 궁금하거든. (내: 늦게
까지 안 했어요. 맞아요. 소리 지르고 땀을 흘린 날은 훨씬 덜
했어요.) 그렇구나, 좋아하는 운동을 하며 소리 지르고 땀을
흘리면 피곤해서 밤늦게까지 게임을 안 하는구나? (내: 네, 그
런 것 같아요.) 그럼 운동은 조금이라도 마음이 맞는 친구들하
고 했겠지? (내: 네, 많이 투닥거리긴 하지만 인간성은 괜찮은
애들이에요.) 그래, 그렇다면 말이야. 운동을 해서 피곤하기도
했지만, 그래도 인간성이 괜찮은 친구들과 함께 뛰면서 자기
도 모르게 어느새 힘든 기운을 떨쳐 버리고 그간 쌓아 둔 못
마땅했던 마음도 훌훌 털어 버렸기 때문에 그런 날은 격렬한
전쟁 게임 같은 게 덜 당긴 것일 수도 있겠다. 우찬이는 어떻
게 생각해?

내8: (고개를 끄덕거리며) 그럴 수도 있겠네요.

상9: 내가 우찬이라면 이런 말이 하고 싶을 것 같아. 한번 들어 봐.
"친구들과 함께 농구를 하면 일단 재미있어요. 내가 중심에
서 벗어나 맥없이 죽은 것처럼 지내는 사람이 아니라 살아 있
다는 느낌이 들어요. 구석에 처박혀 힘들었던 기억도 잠시 떨
쳐 버리고, 그동안 많이 못마땅했던 마음까지 훌훌 털어 버
려져요. 아마 그래서 게임을 밤늦게까지 하지 않아도 되었던
것 같아요." 이런 말을 하고 싶을 것 같은데, 어때? 일단 내가
한 말을 되새겨 보고 너의 마음과 비슷하다면 네 말로 표현해

볼래?

내9: (눈시울을 붉히고 머뭇거림) …… (상: 어느 부분이 마음에 와 닿니?) ……맥없이 죽은 것처럼 지내는 사람? (상: 그렇구나. 거기에 우찬이의 어떤 마음이 있는 것 같아?) (고개를 끄덕거리며) 네. (상: 그럼 그걸 우찬이 말로 한번 표현해 볼 수 있겠어?) 죽은 것처럼 지낸 거, 맞는 것 같아요. (상: 무엇이? 좀 더 길게 말해 볼래?) 마음이 그래요. (상: 아프니?) 네. 죽은 것처럼 지낸다는 말에 마음이 막 쓰려요.

상10: 뭔가 떠오르는 게 있구나? 이야기할 수 있어?

내10: (흐르는 눈물을 닦으며) 학교도 집도 다 그래요.

상담의 초기단계에는 내담자 문제에 대한 개념화가 끝난 상태에서 합의목표 달성을 도와줄 구체적인 여러 대안을 탐색해 보고, 내담자가 합의목표를 달성하는 데 유력한 대안을 만들어 보면서 가장 유효한 대안을 선택하는 데 역점을 둔다. 이때 상담자는 표면적으로는 내담자와 함께 합의목표와 관련된 이슈 달성에 역점을 두지만, 이에 못지않게 내담자가 오랫동안 묻어 두어 평상시 잘 드러나지 않았던 마음, 즉 합의목표와 관련된 복잡하게 얽힌 마음(Rogers 상담이론의 조건화된 가치, CBT 상담이론의 핵심신념, 대상관계 상담이론의 내적 표상)의 조각을 본 만큼 구체화하고 다독여 풀어 주는 데 보이지 않는 정성을 쏟아야 한다.

필자는 초기단계의 과제를 원활히 수행하기 위해 먼저 〈축어록 #9〉의 상2, 내2와 같이 합의목표를 재확인하고, 상3과 내3에서 합의목표의 출발점과 도착점을 확인하였다. 그리고 내담자에게 매

합의목표:

1　　　3　　　5　　　7　　　9　　　11

[그림 9] 합의목표 체크리스트

일 잠자리에 들기 직전에, 만약 그 시간에 못했다면 하교 후에 바로 [그림 9] '합의목표 체크리스트'를 작성하여 매 회기마다 가지고 오라고 하였다. 상담의 합의목표가 세워지면, 상담과정에서 생각 날 때만 가끔씩 합의목표의 변화를 확인하는 것보다 계획된 개입에 따른 일상생활에서의 변화를 [그림 9]와 같이 매일 모니터할 수 있도록 하는 것이 훨씬 효과적이다.

　어떤 사람들은 매일 합의목표를 체크할 만큼의 변화가 있겠느냐고 의구심을 나타내지만, 의도된 상담개입 이후에 변화는 반드시 일어난다. 변화에는 목표의 긍정적인 변화(플러스 변화)만 있는 것이 아니라 부정적인 변화(전혀 변화가 일어나지 않는 제로 변화 또는 뒷걸음질하는 마이너스 변화)도 있기 때문이다. 내담자는 긍정적인 변화든 부정적인 변화든 변화가 있으면 '합의목표 체크리스트'에 그것이 어느 정도인지 체크하고, 그것이 무엇 때문인지, 그와 관련된 마음은 어떤 것인지를 찾아 구체적으로 기록한다. 이렇게 내담자 스스로 매일 합의목표를 모니터링하게 되면, 순간순간 놓치기 쉬운 자신의 마음을 찾아내는 데 많은 도움이 되며, 내담자가 스스로를 다독일 수 있는 셀프 작업도 할 수 있게 된다. 물론 필자는 매 회기마다 내담자가 한 주 동안 작성한 '합의목표 체크리스트' 중에서 목표의 변화가 긍정적이든 부정적이든 상관없이 임상목표의 맥락에서 의미 있는 날의 해당 사건을 선택하여 그와 관련된 의식적 및 무의식적 마음을 찾아내어 구체화하고, 그 마음을 도닥이는 데 초점을 둘 것이다.

또한 〈축어록 #9〉에서 상7과 내7의 상호작용을 통해 합의목표 달성에 도움이 되는 내담자만의 방법을 찾기 위해 평상시와 동일한 조건이었는데도 게임을 덜 했던 내담자의 경험을 탐색하기 시작하였다.

많은 상담자가 합의목표를 달성하는 데 도움이 되는 방법을 외부에서 찾아 내담자에게 적용하려고 애쓰는데, 이런 방법은 잠깐 도움이 될 수는 있어도 내담자의 생활 속에 스며들기에는 한계가 있어서 오랫동안 유지되지 않는다. 심한 경우에는 오히려 상담이 내담자를 낙담하게 만들 수도 있다. 내담자는 일부러 시간을 내어 상담을 통해 자신의 고민을 해결하려고 했는데, 잠깐의 변화만 있을 뿐 원래대로 돌아가는 자신의 모습에 실망하여 한 가닥 남아 있는 희망마저 접어 버릴 수 있기 때문이다.

필자는 내담자가 항상 동일한 조건 또는 상황에서 동일한 정도의 문제 경험을 하는 것이 아니라 반드시 어떤 때는 문제 경험을 덜 한다는 가정하에 내담자와 함께 합의목표 달성에 도움이 되는 내담자만의 노하우를 찾아내려고 노력한다. 이렇게 합의목표를 달성하기 위한 자신만의 방법을 찾는 과정에서 내담자는 무의식적으로 늘 문제 경험을 하는 무력한 존재로 인식하고 있던 자신이 '문제 상황에서 벗어나려고 하는 마음이 있으며, 어떤 때는 어느 정도 성공적으로 벗어났던 적도 있고, 또 나름의 방법도 가지고 있음'

을 경험하게 된다. 그리고 무의식적으로 스스로를 형편없게 여기던 마음이 조금씩 사라지기 시작한다. 이에 더해서 내담자는 상담자와 함께 자기 나름의 방법이 최적의 유용한 방법이 될 때까지 수정·보완하는 과정에 적극적으로 참여하면서 자신을 형편없게 여기던 마음이 완전히 사라지고, 합의목표를 달성하기 위해 완성된 방법을 즉시 실천하고자 하는 동기가 최대치에 이르게 된다. 이 모든 과정은 상담이 종결된 후에도 내담자가 합의목표를 달성하는 실행방법을 일상생활 속에서 지속적으로 유지하게 만드는 원동력이 된다.

황우찬의 경우 〈축어록 #9〉의 상7과 내7에서의 긴 상호작용을 통해 땀을 흠뻑 흘리는 운동을 하고 나면 '뭔가를 해냈다는 뿌듯함'이 들고, 그런 날들을 되짚어 보니 확실히 과격한 인터넷게임을 덜했다는 것을 확인하고서 서로 매우 기뻐하였다. 내담자가 비자발적으로 상담실에 처음 왔을 때는 상담자의 눈빛과 분위기와 태도를 통해 '그래, 그래서 그랬구나.' 하는 상담자의 진심 어린 지지를 받게 되어 '나도 대접을 받을 수 있는 존재'라는 경험을 하기 시작했다면, 이번의 개입을 통해서는 내담자 마음속 깊은 곳에서 '인정하고 싶지는 않지만 자기도 모르게 늘 문제 덩어리라고 여겨 왔던 자신의 모습을 피하지 않고 똑바로 바라보니 자신이 그렇게 완전히 문제 덩어리만은 아님'을 확인하였고, 내적으로 '나도 정말 대접받을 만한 존재구나, 내가 그렇게 생각만큼 엉망인 존재는 아니구나.' 하는 것을 재경험하였다.

필자가 〈축어록 #9〉의 상8에서 내9까지의 상호작용을 통해 상담자의 임상적 가설을 확인하고 공유하는 작업을 한 결과, 내담자는 "네. 죽은 것처럼 지낸다는 말에 마음이 막 쓰려요."라고 표현하였다. 이후 추가 작업을 해 보니, 이것은 〈축어록 #6〉의 상12(그래, 우찬이 마음속 깊은 곳에 무엇이 있길래 '가만히 있으면 만만하게 본다고, 그러니까 사람 대접 받으려면 뾰족한 가시로 찔러야 돼 ……' 이런 말이 마음속 저편에서 자꾸 나오는 걸까? 다음에 만나서 그 이야기를 좀 더 나누어 보자. 오늘은 이 이야기는 이쯤 하고 다음 시간에 더 여유를 갖고 해 보자, 알겠지?)와 [그림 8] '유형 5(회피 → 수동공격 → 공격)와 관련된 황우찬의 유발요인-유지요인 가설'과 맞닿아 있었다. 내담자는 어릴 때 평상시는 조용하지만 술만 마시면 돌변하는 아버지와 남편에게 맞대응하면 싸움이 커질까 봐 참거나 상황을 피했던 어머니 사이에서 자랐다. 우찬이는 "술 떨어졌다, 술 사 와라." "니네 엄마 찾아와라."라는 아버지의 요구에 빨리 응하지 않는다고 자주 맞았고, 동생이 학교에 다니면서부터는 '동생보다 공부 못한다.'는 야단이 추가되었다. 필자는 부드러운 상호작용을 통해 내담자가 하도 오랫동안 묻어 두어 색이 바라 희미해진 그때 그 당시 마음의 색깔을 선명하게 찾아 주려고 굉장히 애를 썼다.

　내담자는 "우찬이가 힘든 때를 참 묵묵히도 잘 견뎌 냈네. 그 당시에 네가 아프다는, 힘들다는 티를 조금이라도 내면 네가 감당할 수 없는 큰일, 큰 싸움이 일어날 것만 같은 두려움에 많이 무서웠겠다. 아마 아버지한테 내색하지 말고 참자, 참자 하고 속으로 수없이 다짐해야지만 그 힘든 일들을 겨우 견딜 수 있었을 것 같구나."라는 상담자의 반응에 힘을 내 마음 깊숙이 묻어 두었던 그 당시의 두려움과 처절함을 피하지 않고 마주 보았고, 한참 동안 눈물을 쏟았다. 필자는 내담자의 이 커다란 도전을 격려하며 한없이 다독거렸다. "도대체 그 두려움과 처절함이 얼마나 컸으면 초등학교에 등교한 첫날 우찬이를 얕잡아 보고 새로 산 운동화에 몰래 낙서한 친구한테도 소리 내어 따지지 못하고 가만히 있었을까. …… 생각하니 선생님 마음이 몹시 아프네. 더 어릴 때는 부당해도 맞대응하면 해코지 당할까 봐 두려워서 아무 소리도 내지 못하고 가만히 죽은 것처럼 지냈지만, 같은 초등학교 1학년이라면 한번 맞붙어 볼 만도 한데 아무런 말도 하지 못한 우찬이의 모습이 너무나 안타깝다."

필자는 내담자의 색깔을 더 선명하게 해 주기 위해 〈축어록 #9〉의 상9, 내9에서의 상호작용을 통해 상담자가 찾아낸 색깔의 가설, 즉 오랜 세월 묻어 두어 빛바랜 색깔 중 내담자의 마음에 와닿은 관련 에피소드와 감정을 내담자의 말로 구체적으로 표현할 수 있도록 격려하였다.

이끔(ICCM-X) 사례개념화 모형에 따라 우찬이의 두려움과 처절함이 시작된 유발요인, 그리고 초등학교 입학할 때까지 유지되어 상황에 합당한 소리마저 내지 못하도록 한 마이너스 유지요인을 충분히 드러나게 해서 한동안 이를 통해 내담자 안에 묻어 두었던 두려움과 처절함을 정서적으로 재경험하여 구체화될 수 있도록 하는 데 초점을 두었다. 그랬더니 비로소 내담자가 더 나빠질 수도 있었는데 그렇게 되지 않도록 한 플러스 유지요인을 확인할 수 있는 개입의 기회가 찾아왔다. "그런데 우찬아, 어릴 때 이야기를 들어 보면 그래도 우찬이가 늘 아버지 앞에 있더라. 아버지가 그렇게 무서우면 아버지를 볼 때마다 정신을 잃거나 아니면 아버지 눈에 안 뜨이려고 멀리 피해 있을 수도 있는데 말이야. 친구한테도 그래. 친구한테 말도 안 하고 한동안 피해 다니긴 했지만 그렇다고 그 애가 정말 무서워서 학교를 안 간 건 아니었잖아. 그러고 보면 너의 그 어릴 적 마음의 상처는 어느 정도 이상은 커지지 않았던 것 같아. 훨씬 더 심하게, 훨씬 더 오랫동안 두려움에 떨 수도 있었는데 말이야. 그 힘든 상황에도 불구하고 네가 더 움츠러들지 않도록 한 너의 힘은 어디에서 나오는 걸까?"

내담자는 먹먹한 눈빛으로 한참을 아무 말 없이 있다가 상담자와 상호작용을 하면서 관련된 마음 조각을 찾아내기 시작했다. "내 덩치가 작아서 그런 줄 알았어요. 조금만 더 크면 안 당할 줄 알았어요. 그래서 운동에 관심이 있었던 것 같아요. 그냥 키가 크고 힘이 세지면 그때는 해 볼 만할 것 같았고, 그럼 다 좋아질 줄 알았어요."(희망과 낙관의 마음) "술이 깨면 아빠가 제정신으로 돌아오곤 했어요. 그럴 때는 나한테 용돈도 주면서 잘 챙겨 주고, 엄마의 말도 잘 들어줘서 서로 싸움도 안 했어요."(주요 타자의 간헐적 관심과 인정)

필자는 이때 힘든 상황에서도 견디고 다시 일어서게 한 기억의 조각들에는 가볍게 반응하고, 한참 말없이 먹먹함을 표현한 '침묵'에 초점을 두었다. 내담자가 말로 표현한 그 '이상한 기분' '뭐라고 할 수 없는 묘한 마음'을 구체화해 가면서 '그땐 전혀 알아채지 못했지만 넋 놓고 있지 않고 무어라도 붙잡고 일어서려고 굉장히 애를 썼구나.' '그 기억이 끔찍해서 되짚어 볼 엄두도 안 났는데, 그래도 되돌아보니 아빠와 엄마가 미소를 지을 때도 있었구나.' '그 와중에도 완전히 혼자 내동댕이쳐진 존재는 아니었구나.' 하는 마음의 소리를 찾아 공유할 수 있었다. 내담자가 그때 그 순간 미처 알아채지 못해 없다고 여겼던 것(플러스 유지요인)을 충분히 인식하고 느끼고 표현하는 만큼, 그동안 말하지 못하고 묻어 둔 '두려움과 처절함'에서 조금씩 벗어나고 있음을 확인할 수 있었다.

이어서 필자는 '부당한 일을 당할 때', 내담자 표현으로는 '마음에 들지 않는 상황일 때' 대부분 가만히 묻어 두고 대응을 하지 않다가 초등학교 5학년 때 노골적으로 맞대응하는 쪽으로 급선회한 것처럼 보이는 급격한 변화의 변곡점이 있음을 공유하며 이와 관련된 복잡하게 얽힌 마음을 다루는 데 초점을 두었다. "그런데 우찬이가 어릴 때처럼 힘이 없는 것도 아닌데 한동안 마음에 들지 않는 부당한 일이 있을 때 여전히 겉으로는 한 걸음 뒤로 물러서서 없는 사람처럼 지낸 것 같네. 그래도 가만히 있자니 속에서는 화가 자꾸 올라오고, 그렇다고 겉으로 소리치면서 맞서 싸우기에는 또 아직은 너무 겁나기도 하고. …… 아마 그런 이러지도 저러지도 못하는 시기가 있었겠지? 아니면 나름대로 이렇게도 해 보고 저렇게도 해 보는 때가 있었거나. 그냥 보기에는 초등학교 5학년 체육시간에 갑자기 K와 한판 붙은 것으로 보이지만 그 이전에 한동안 참 마음이 복잡했을 것 같아. …… 뭐 떠오르는 것 없니?"

내담자는 그동안의 '서러움'을 다 쏟아 내듯 한동안 흐느껴 울며 말을 잇지 못했다. 내담자는 분명하게 말할 만한 것이 딱히 기억나지는 않지만, '이러지도 저러지도 못하는 시기가 있었을 것'이라는 필자의 말에 왠지 위로받는 것 같아 눈물이 난다고 했다.

이때 필자는 임상적 가설(곤란하거나 힘들 때 가만히 있으면 엄마처럼 당해. 그러니까 소리를 내자. 지금 아빠가 하고 있는 것처럼 말이야. 엄마처럼 하면 당하기만 한다고. 야, 아빠하고 같은 편이란 걸 보여야 좀 덜 맞지 않겠니? 그래야 일상이 덜 불안해. 엄마도 불쌍하긴 하지. 그렇지만 답답해. 어떤 땐 내가 맞고 있는데 말리지도 않고, 보호하지도 못하고, 맞고 있는 나를 가만히 보고만 있잖아. 그럴 땐 정말 화가 치밀어 올라와. 야, 너 지금 점점 엄마처럼 되어 가고 있어. 그러면 안 돼, 정신 차려!)을 확인해 보고 싶었으나 그런 필자의 마음이 내담자의 마음보다 너무 앞서 나가기에 '오늘은 여기까지, 그만!'이라고 속으로 외치고 다음 기회를 기다렸다.

08 중기단계: 합의목표와 임상목표의 변화

축어록 #10 … 중기단계: 합의목표와 임상목표 다루기(1)

상1: 합의목표 체크리스트 해 왔니? (내: 머뭇거림) 체크리스트는 가지고 왔어? (내: 네.) 그럼 한번 볼까? (내: 머뭇거리며 쑥스러운 듯 체크리스트를 내밈) 아, 서너 개는 빼먹었지만 그래도 하려고 애썼네. 모두 맨 처음보다는 다 좋아졌구나. (내: 어색한 미소를 살짝 지음) 체크 안 한 날도 대체적으로 이와 비슷하니? (내: 고개를 끄덕거림) 잘 안 되었어? (내: 네.) 얼마나? 점수로 매기면? (내: 한 1.5점 정도요? 신경은 썼는데 하다 보니까 지켜지지 않았어요.) 그랬구나, 빠진 날은 다 그래? [내: (고개를 숙인 채) 아마도 비슷할 거예요.] 괜찮아. 체크리스트 빠지지 않고 해 오고, 또 매번 약속을 지켜서 잘 해 오길 바라지만, 지난번에도 말했듯이 중요한 것은 합의목표를 중심에 두고 '내가 매번 어느 지점에 있었는지, 그때 내 마음은 어떤 색깔이었는지'를 되짚어 보는 거야. 그게 더 중요해. [내: (고개를 끄덕거리며) 네.] 그럼 빼먹은 날 중에 네가 생각하는 최악의 날은 어느 날이야? 그날에 대해 먼저 이야기해 볼까?

내1: (머뭇거리며) 이날인 것 같아요. (상: 응, 금요일이구나. 그럼 그날의 점수는?) 한 1.3점 정도? (상: 그 점수를 준 배경을 알

159

고 싶은데?) 처음에는 그날 저녁을 먹고 그렇게 많이 할 생각이 없었어요. (상: 응, 그래, 그래서?) 그날따라 게임이 잘 풀리지 않았어요. 초반에 어이없는 실수로 몇 번 죽었는데, 몇 번을 다시 해도 영 풀리지 않더라고요. (상: 그래서?) 게임이 잘 안 되니까 계속 열받더라고요. 그래서 될 때까지 한다 하고 하다 보니까 새벽 2시까지 했던 것 같아요. (상: 응, 그래서 점수를 그렇게 주었구나. 그런데 지금 말하면서는 기분이 어때? 그때 일을 떠올려서 그런지 우찬이 기분이 썩 좋아 보이지는 않네.) 네, 좀 그래요. (상: 좀 길게 말해 볼래? '좀 그래요.'라고 하니까 잘 모르겠는걸.) 음…… 딱히 뭐라고 하기가 좀 그래요. (상: 좋은 쪽이 아니고 나쁜 쪽의 색깔인가 보구나?) 네. (상: 그럼 '뭐뭐 해서 기분이 좀 그래요.'라고 말해 볼래?) 지난번에 큰 맘 먹고 이제 게임 안 한다고 했는데…… 또 많이 해서…… (상: 이제 게임 덜 하기로 했는데 또 옛날처럼 한 것 같아서 기분이 안 좋은 거야?) 네. (상: 약속한 대로 될 때도 있고 안 될 때도 있지. 그런데 중요한 것은…… 약속한 대로 안 되어서 기분이 안 좋은 것은 왜 그럴까? 선생님은 그것이 궁금해. 우찬아, 왜 그럴까?) (천장을 바라보면서 잠시 생각하다가) 음…… 그냥, 그래요. (상: 그러니까 그 '그냥, 그래요.'가 뭐냐고?) …… (상: 우찬이가 마음먹은 대로, 결심한 대로 잘 되지 않아서 자기 자신에 대해 실망스러워하는 것처럼 보이는데? 어때?) 네, 좀 그렇기도 해요. (상: 선생님 말에 동의한다면 네 말로 다시 좀 길게 표현해 볼래?) …… 한번 하기로 했고, 또 잘 했고 해서 계속 그럴 줄 알았어요. 근데 또 안 되니까 솔직히 좀 기운이 빠져요.

 상담의 초기단계에서 내담자 문제의 배경을 이해하고 이를 바탕으로 합당한 합의목표를 세우는 데 초점을 둔다면, 상담의 중기단계에서는 이번 상담에서 해결하기로 합의한 내담자의 고민이나 문제에 어느 정도의 변화(합의목표의 변화)가 있는지 확인하고, 필요하다면 합의목표를 달성하는 데 도움이 되는 내담자만의 방법을 정교화해 가는 데 역점을 둔다. 그러므로 상담의 중기단계에서 상담자들은 눈에 보이는 합의목표의 변화를 통해 그 너머에 있는, 보이지 않지만 수시로 연동되어 움직이는 상처 입은 내담자의 마음의 변화, 즉 임상목표의 변화를 모니터링하면서 그것을 미세하고 깊이 있게 다루어야 한다. 대부분의 상담자는 상담의 중기단계에 접어들어 합의목표의 긍정적인 변화가 일어나면 이를 적극적으로 반기면서 이런 변화가 상담 종결 때까지 유지될 수 있도록 온갖 정성을 다 쏟는다. 이런 상담은 내담자가 일상생활에서 지극히 단순한 일시적인 문제로 상담을 받으러 온 경우라면 맞다. 그러나 복잡하게 얽힌 마음과 연결되지 않는 일상의 문제로 상담실까지 오는 내담자는 거의 없다. 내담자의 문제는 그동안 의식적으로 또는 무의식적으로 차곡차곡 쌓여 온 복잡하게 얽힌 마음과 연결되어 나타나는 것이다. 그런데 상담자가 이런 마음을 소홀히 하면서 다루어 주지 않고 계속 행동의 변화에만 초점을 둔다면, 내담자에게 나타난 일시적인 변화는 곧 다시 원점으로 돌아가게 되고, 심지어 '보이지 않는 마음을 계속 무시하는' 상담으로 인해 문제를 해결하고자 하는 내담자의 마지막 희망마저 접게 할 수도 있으니 주의해야 한다.

접수면접 또는 초기단계의 상담에서는 얽히고설킨 복잡한 마음이 상처가 될 정도로 내담자에게 자리 잡은 과정을 되짚어 보며 지지를 보낸다면, 중기단계의 상담에서는 그 얽히고설킨 복잡한 마음이 풀어졌다가 다시 단단해지는 과정을 반복하면서 내담자가 그 마음에서 점차 벗어나 자유로워져 가는 과정을 살펴보며 무한한 지지를 보내는 데 역점을 두어야 한다. 황우찬의 경우처럼 주호소 문제가 보이지 않는 무의식과 의식 차원의 마음과 연결되어 있다면, 상담자는 적어도 합의목표라는 보이는 현상의 변화를 통해 매 회기마다 내담자가 그동안 두려워서 묻고 지내는 데 익숙했을 그 무엇을 순간적으로 낚아채 내담자와 함께 내담자의 보이지 않는 마음속으로 여행을 해야 한다. 그래서 내담자가 한 번도 느껴 보지 않아 실감을 못한다면 실감할 수 있도록, 속에 있는 감정을 토해 내는 것을 힘들어하면 충분히 토해 낼 수 있도록, 그리고 너무나 그 감정에 함몰되어 힘들어하면 도닥여 주며 그 감정을 덜어 낼 수 있도록 도와야 한다. 이것은 오직 상담자만이 할 수 있는 중요한 일임을 명심해야 한다.

그러므로 상담자가 임상목표의 변화, 즉 내담자가 호소하는 문제와 관련된 복잡하게 얽힌 내담자의 마음을 읽어 내기 위해서는 먼저 합의목표의 변화에 민감해질 필요가 있다. 많은 상담자는 합의목표를 세우고 나면 일반적으로 긍정적인 변화(플러스 변화)에만 관심을 두는데, 합의목표가 최초의 기준선 또는 직전 회기에 비해 그대로 유지되거나(제로 변화) 심지어 나빠지는 경우(마이너스 변화)라도 당황하지 말고 무엇 때문에 그런 변화가 일어났는지 자세히 살펴보아야 한다. 상담자는 합의목표의 긍정적인 변화가 일어나면 그것을 통해 복잡하게 얽힌 마음에서 벗어난 그 마음(임상목표의 플러스 변화)을 진심으로 반가워하며 다뤄야 하고, 부정적인 변화가 일어나면 다시 얽히고설킨 마음에 그대로 사로잡혀 있거나 (임상목표의 제로 변화) 심지어 더 악화된(임상목표의 마이너스 변화) 그 마음을 도닥이고 다룰 수 있는 절호의 기회로 삼아야 한다.

상담자는 매 회기마다 합의목표의 변화를 모니터링하면서 모든 변화를 다 다루기보다는 내담자의 준비도를 고려해 임상적으로 의미 있다고 판단되는 변화(플러스 변화, 제로 변화 또는 마이너스 변화) 에피소드를 선택하여 그에 초점을 맞춰야 한다. 필자는 내담자와 함께 합의목표 체크리스트를 모니터링하는 과정에서 임상적으로 의미 있는 두 개의 가설을 발견하고 그에 초점을 두고자 했다. 〈축어록 #10〉에서 상담자의 개입에 대해 내담자가 보인 다음과 같은 반응을 보면서 필자는 두 가지 가설을 떠올렸다.

내1: (머뭇거리며) 이날인 것 같아요. (상: 응, 금요일이구나. 그럼 그날의 점수는?) 한 1.3점 정도? (상: 그 점수를 준 배경을 알고 싶은데?) 처음에는 그날 저녁을 먹고 그렇게 많이 할 생각이 없었어요. (상: 응, 그래, 그래서?) 그날따라 게임이 잘 풀리지 않았어요. 초반에 어이없는 실수로 몇 번 죽었는데, 몇 번을 다시 해도 영 풀리지 않더라고요. (상: 그래서?) 게임이 잘 안 되니까 계속 열받더라고요. 그래서 될 때까지 한다 하고 하다 보니까 새벽 2시까지 했던 것 같아요. (상: 응, 그래서 점수를 그렇게 주었구나. 그런데 지금 말하면서는 기분이 어때? 그때 일을 떠올려서 그런지 우찬이 기분이 썩 좋아 보이지는 않네.) 네, 좀 그래요.

첫 번째 가설은 합의한 대로 행하지 않은 자신의 모습을 보여 주길 주저하며 머뭇거리는 내담자였다. 이때 내담자는 주저하며 머뭇거렸는데 당시 내담자의 주저함과 머뭇거림은 여태까지의 그것과는 사뭇 달랐다. 내담자가 여태까지 보여 준 여러 차례의 '주저함과 머뭇거림'은 대체적으로 이전 경험으로는 전혀 예상하지 못한 상담자의 개입(뜻하지 않은 환영과 지지, 생각해 보지 않은 질문 등)에 따른 반응으로, 누구든 그런 상황에 처하게 되면 보이는 일상적인 반응이어서 임상적으로 큰 의미가 없었다. 그러나 〈축어록 #10〉의 내1에서 볼 수 있는 '주저함과 머뭇거림'은 겉으로 보기에는 여태까지 보여 준 것과 비슷해 보이지만 질적으로 전혀 다른 것이었다. '상담자의 뜻하지 않은 환영과 지지' '생각해 보지 않은 질문'이라는 촉발요인에 대해 보이는 내담자의 '주저함과 머뭇거림'은 평상시에 내담자가 만나는 사람이나 상황들의 경우와는 달라서 나타나는 순간적인 당황스러움의 표현이었다. 그러나 '상담자가 하필 바라는 성과가 나오지 않은 그날의 내용을 질문하는 상황'이라는 촉발요인에 대해서 내담자는 합의목표 체크리스트를 확인하기 시작할 때부터 불편해하는 모습을 조금씩 드러냈으므로 임상적으로 훨씬 더 의미가 있다(〈축어록 #10〉 참조).

필자가 해당 회기에서 임상적으로 의미 있는 이 에피소드에 초점을 둔 결과, 내담자에게 '오래간만에 옳게 마음먹은 것이기도 하고 또 그간 나름대로 잘 해 왔는데 그날 잘 해내지 못한 자신의 모습에 실망스럽기도 하고 속상하기도 하고, 또 좋은 내 편인 상담자한테 잘 해내고 있는 자신의 모습을 보여 주고 싶었는데 그렇지 않은 모습을 보여 줘서 미안한 마음'이 있음을 확인할 수 있었다. 그리고 필자는 내담자가 보인 이런 '주저함과 머뭇거림'이 어릴 때 신체적·정서적으로 학대받은 경험이 있는 내담자의 무의식적 차원에서의 거절과 버림받음에 대한 두려움과 연결될 것이라고 판단하였다. 그래서 도전하는 마음으로 내담자가 쉽게 이해할 수 있도록 "선생님이 보기에 우찬이는 잘 해내지 않으면 나를 아껴 주는 사람들(상담자)이 지금 보여 주는 관심과 사랑을 주지 않고 나를 멀리하지 않을까, 심지어 비난과 질타를 하지 않을까 하는 두려움이 조금 있는 것 같아. 선생님이 하는 말이 어떻게 들려?"라고 질문하면서 내담자의 미세한 마음의 흐름을 살펴보았다. 그런데 내담자가 의외로 빠른 반응(내: 생각을 곱씹으며 조심스럽게 "약속한 것을 잘 해내지 않으면 야단맞지 않을까 하는 걱정이 있는 것 같아요.")을 보여 필자가 순간 놀랐다. 이것은 분명히 내담자가 너무나 버거워 무의식적으로 기억의 저편에 묻어 두었던 자신만의 두려움에 용기를 내어 조금씩 다가가 그 안에 무엇이 있는지 보려고 애쓰는 모습이었다. 필자는 내담자의 용기 있는 빠른 반응이 반가워서 곧바로 "약속한 것을 잘 해내지 않으면 야단맞지 않을까 하는 걱정이 있는 것 같아요."와 관련해 떠오르는 에피소드가 있는지 조심스럽게 초점을 맞춰 봤다. 그러나 내담자는 눈시울을 붉히며 고개를 숙이고 기어들어 가는 작은 목소리로 "잘 모르겠어요."라고 대답하며 당장 그 주제를 다루는 것을 피하였다. 필자는 '내담자가 준비가 되면 다음에 더 좋은 기회가 올 것'이라는 평상시의 신념을 되새기며,

165

그 이후 2회기 정도 임상적 기다림의 시간을 가졌다.

반갑게도, 내담자는 이후 상담에서 같은 반응을 패턴으로 다시 보이기 시작했다. 내담자와 함께 합의목표 체크리스트를 모니터링하는 과정에서 성공적으로 수행하지 못한 날의 기록이 빈번히 누락되었고, 그 누락된 부분에 초점을 두는 순간 주의해서 보지 않으면 놓칠 정도로 미세하게 '주저하면서 어색한 웃음으로 또는 침묵으로 머뭇거렸다.' 필자는 기다렸던 반복적인 반응 패턴에 바로 초점을 맞추고 "지금도 잘 해내지 못해서 스스로에 대해 실망스럽고, 또 나한테도 좋은 모습을 보여 주지 못해서 속상한 마음이 있는지 궁금하네. 여전히 그러니?"라는 질문으로 개입을 시작하였다. 이에 내담자는 천장을 보며 잠시 생각에 잠긴 후 고개를 가볍게 끄덕거렸다. 이런 내담자의 반응에 필자는 "그렇구나. 그럼 '지금의 마음은 이래요.' 하고 마음의 색깔을 넣어서 우찬이 말로 표현해 볼 수 있을까?"라고 개입하여 내담자가 묻어 두었던 마음을 충분히 표현하도록 해서, '주저하면서 어색한 웃음으로 또는 침묵으로 머뭇거림'과 관련된 의식적 차원의 마음을 털어 내어 정리하도록 하였다. 그리고 내담자의 의식 저편에 있어서 내담자가 충분히 느끼고는 있지만 언어로 표현하는 데는 한계가 많은 '거절과 버림받음에 대한 두려움'의 세계에 조심스럽게 다가가기 위해 다음과 같이 개입을 진행하였다. 먼저 지금 여기에서의 '거절과 버림받음에 대한 두려움'에서 시작하였다.

상: 넌 선생님이 네가 해내지 못했다고 야단치거나 못마땅해할 거라고 생각하니?

내: 안 그렇다는 거 알아요. 그래도 왠지……

상: 그렇구나. 사실 뭐 못마땅할 때도 있을 수 있지. 그런데 그럴 때는 반드시 너한테 말해 줄 거야. 너한테 아무런 표현도 하지 않고 무턱대고 못마땅해한다든지 야단치지는 않을 거란다. 그러니 괜히 앞서서 걱정할 필요는 없어.

그리고 이어 내담자의 보다 근원적인 '거절과 버림받음에 대한 두려움'에 다가가기 위해 내담자의 준비도를 살펴 가며 "지금처럼 마음속의 걱정거리를 누군가와 함께 나누어 본 적이 있니?" "없어? 한 번도 없었구나. 선생님과 실제로 나누어 보니까 어때?" "그래, 맞아. 나약하다고 야단맞지도 않고, 오히려 속이 시원하다고? 그리고 또 실제로 걱정도 덜 하게 되지?" "이렇게 '걱정스러운 것들'을 아빠나 엄마한테 이야기한다면 어떨 것 같아?" "상상도 할 수 없다고? 그렇구나. 그럼 부모님이 우찬이가 어릴 때는 어떻게 하셨어?" 등의 연이은 개입을 통해 내담자가 두려워하는 것의 실체에 가까이 다가가고자 하였다. 필자가 내담자와 함께 찾아내어 구체화한 '거절과 버림받음에 대한 두려움'의 마음은 다음과 같이 표현되었다: 펑펑 울었다. 아니, 되도록이면 소리를 안 내려고 애쓰면서 울었다. 나를 막 때리는 아빠는 공포 그 자체였다. 아빠 앞에서 무엇이든 내색을 하면 죽을 수도 있겠다는 생각이 들었다. 엄마는 내가 맞는 걸 그냥 쳐다만 보는 비겁한 사람이라서 화가 났다. 하지만 그걸 표현하지는 못했다. 어릴 때는 그냥 죽은 것처럼, 없는 사람처럼 지냈지만 이제는 엄마한테, 아빠한테 거칠게 대한다. 그러니까 나를 만만하게 대하지 않는다. 요즘엔 사람들이 나의 부족한 부분을 지적질할 것 같으면 계속 당할까 봐 겁나서 먼저 선방을 날리고 본다.

그다음 필자가 떠올린 두 번째 가설인 '생각대로 잘 안 풀려 화가 나서 다시 말려든 내담자'에 초점을 두었다. 필자는 〈축어록 #10〉의 내1에서 언뜻 보기에 단순해 보이는 "그날따라 게임이 잘 풀리지 않았어요. 초반에 어이없는 실수로 몇 번 죽었는데, 몇 번을 다시 해도 영 풀리지 않더라고요. 게임이 잘 안 되니까 계속 열받더라고요. 그래서 될 때까지 한다 하고 하다 보니까 새벽 2시까지 했던 것 같아요."라는 내담자의 말 속에 엄청난 마음이 숨어 있음을 느낄 수 있었다. 특히 '안 되니까 계속 열받아서 될 때까지 했다.'는 내담자의 말을 통해 내담자가 그동안 겪었을 법한 현재와 과거의 여러 에피소드를 가설적으로 탐색해 가며, 다음과 같은 개입으로 그 경험들로 얽히고설킨 내담자의 '복잡한 마음'에 점점 가까이 다가갈 수 있었다.

"게임이 잘 안 될 때도 있지. 근데 그날은 꼭 이길 때까지, 직성이 풀릴 때까지 했구나? 그냥 지더라도 우리가 약속했던 시간까지만 하고 그만둘 수도 있는데 그러지 않고 끝까지 간 우찬이의 마음은 무얼까?" "잘 모르겠다고? 그럼 예전에도 게임이 잘 안 풀려서 끝까지 가 본 적이 있니?" "그래, 게임을 늦게까지 하는 날은 대부분 게임이 재미있어서라기보다는 이번처럼 영 잘 풀리지 않는 날이었구나. 그런 날에 끝까지 해 보자고 직성이 풀릴 때까지 게임을 하는 우찬이의 모습이 어떻게 보여?"

두 번째 가설을 중심으로 내담자와 함께 찾아낸 빛바랜 마음의 색깔은 이러했다: 일단 누구한테라도 지면 화가 난다. 못난 사람으로 취급당하는 것 같아서 싫다.

필자는 "진다고 해서 항상 그런 취급을 당하는 건 아닌데? 이전에 졌다고 해서 친구나 가족한테 못난 사람으로 취급당한 적이 있니?"라는 질문을 시작으로 내담자가 관련 에피소드를 떠올리도록 초점을 맞췄다. 그 결과, 내담자에게는 져서 화나는 마음 그 너머에 '어릴 때 실수를 하거나 나약한 틈을 조금만 보이면 여지없이 그것도 제대로 못하냐고 야단을 맞았다. 초등학교 고학년이 될 때까지 당하고만 살았다. 이제는 그렇게 살고 싶지 않다.'라는 마음이 있었다.

이어서 필자가 "그냥 대항하지 않고 지금까지 계속 못난 사람 취급을 당하고 살아왔다면 어떤 일이 벌어졌을까? 그때 그냥 가만히 있었으면 어떻게 되었을까?"라는 추가 질문으로 초점을 맞춘 결과, 내담자는 "한 번도 그런 생각을 해 보지 않았어요. 그냥 종이 허수아비, 로봇 장난감이 생각나요. 주변 사람들은 갖고 놀다가 버렸을 거예요."라고 대답했다. 내담자는 이어서 용기를 내어 '어릴 때 술만 마시면 행해졌던 아버지의 잦은 폭행, 그럴 때마다 혼자만 피했던 무심한 어머니'와 관련된 에피소드들과 '그냥 가만히 있으면 막 대하던 학교 친구들'과 관련된 여러 에피소드를 떠올렸다.

그 에피소드들을 통해 그 속에 갇혀 '오랫동안 관계 속에서 제대로 역할을 해내지 못하면 관계가 단절되고 버려질 거라는 두려움에 휩싸여 떨고 있는 내담자'를 만날 수 있었다. 필자가 "그렇게 두려움에 떨고 있는 작은 아이는 간혹 한 번씩 큰 소리를 질러야 덜 무섭기도 하고 그래야 다시 힘내어 설 수 있을 것 같았겠구나. 그리고 그렇게 큰 소리를 내면 세상 사람들이 네 앞에서 쭈뼛거리면서 너를 잠시라도 제대로 사람 대접 해 주었겠지."라고 내담자의 마음을 읽어 주었더니, 내담자는 한없이 울면서 "사람들이 나한테 뭔가 잘못되었다고 공격할 때는 순간 내가 무너질까 봐 겁이 나요. 내가 소리를 질러야 멈칫거리며 움찔해요."라고 진한 고백을 하였다. 부모님(술만 마시면 완전히 돌변하는 아버지, 정작 내담자가 필요할 때는 신경 쓰지 않다가 쓸데없이 야단만 치는 어머니)과의 반복적인 에피소드를 경험하면서 어릴 때부터 '살아남으려면 움츠리고 피하고 최대한 자신의 색깔을 드러내지 말아야겠다.'는 무의식적 태도에 갇혀 지내던 내담자는 학교생활에서의 일련의 부당한 에피소드(초등학교 5학년 때 체육시간 축구시합에서의 억울한 사건)를 계기로 크게 흔들리면서 '안 되겠다. 내 목소리를 내고 내가 만만치 않다는 것을 보여 줘야겠다.'는 것으로 마음의 세계가 변화되었음을 보여 주었다.

축어록 #11 ··· **중기단계: 합의목표와 임상목표 다루기(2)**

상1: 안녕하세요? [내 & 모: (미소를 지으며) 안녕하세요?] 이 시간에 아들과 어머니가 함께 오는 게 쉽지 않은 일인데, 오시는데 불편함은 없으셨나요? (모: 네, 저야 아들과 이렇게 다니는 게 좋기만 하죠.) 그렇군요. 어머니께서는 그간 우찬이가 상담의 방향, 목표를 세우고 나서 그 이후에 어떻게 진행되고 있는지 궁금하지 않으셨어요? (모: 네, 많이 궁금했어요.) 그러셨을 것 같아요. 아마도 오늘이 상담을 시작하고 중간 지점쯤되는 날일 겁니다. 그래서 오늘은 처음 상담을 시작할 때 약속한 대로 어머니가 함께 오셔서 상담이 어디까지 진행되었는지, 그리고 우찬이가 좀 더 나아지기 위해 우리가 또 무엇을 서로 협력해야 하는지 그런 것들을 함께 상의하는 시간을 가져 보려고 합니다. (내 & 모: 고개를 끄덕거림) 뭐 특별한 절차가 있는 것은 아니고요, 어제 전화로 말씀드린 것처럼 그냥 오늘 상담을 마칠 때까지 함께 계시면서 보고 함께 이야기 나누시면 됩니다. (모: 네, 알겠습니다.) 그럼 우선 우찬이는 합의목표 체크리스트를 같이 좀 볼까?

내1: (주저함 없이 손에 들고 있는 노트를 펼쳐 보임) (상: 대체적으로 6점에서 8점 사이인데 이날은 만점 11점이네. 그리고 이건 뭐라고 쓴 거야? "와, 오늘은 정말 안 했다. 진짜 오랜만에 처음이다. 기분 좋은 하루였다."라고 쓴 거니?) 네. (상: "기분 좋은 하루였다."라고 쓴 날엔 무슨 일이 있었는지 들려줄래?) 그날은 일요일인데도 게임을 전혀 안 했어요. (상: 그러니까 평일이 아닌 일요일인데도 게임을 전혀 안 했다고? 정말 그런 날이 있구나. 그래도 게임이 나름 오랜 친구였는데 어떻게 그렇게 그 친구를 멀리할 수 있었니?) 그날은 늘어지게 늦잠을 잤는데, 엄마가 그만 자라고 깨워서 일어났고, 그리고 그냥 놀았던 것 같아요. (상: 뭐 하며 놀았는데?) 스마트폰도 보고, TV도 보고, 그러면서 그냥 시간을 보냈어요. (상: 뭐 특별한 일이 있었던 것도 아닌데 게임을 안 했다고?) 네. 아, 그리고 점심 먹고 엄마랑 뒷산에 있는 둘레길을 같이 돌았고요. (상: 응, 약속대로 했구나.) 네, 그리고 내려오는 길에 갑자기 A가 연락이 와서는 B랑 C하고 편먹고 농구를 한 판 하자고 해서 저녁까지 놀았어요.

상2: (어머니를 쳐다보고 톤을 높여서) 오늘 어머니가 바쁘신 중에
도 함께 오셨다고, 큰일이 일어난 것 같습니다. 어머니는 아드
님의 큰 도전에 대해 어떻게 생각하세요?

모1: 저도 그날은 놀랐어요. (상: 어머니도 그러셨군요.) 네, 저녁을
먹더니만 자기 방에 누워서 폰을 한참 보더라고요. 그런데 좀
있다 보니까 폰을 쥐고서 그냥 꾸벅꾸벅 조는 거예요. 그래
서 바로 자라고 눕혀 줬더니만 게임도 안 하고 그냥 곤히 자
더라고요. (상: 그렇게 된 거군요. 어머니께서는 아드님과 그날
의 놀라운 일에 대해 따로 이야기를 나누어 보셨나요?) 아뇨,
딱히. …… (상: 그러셨군요. 그날 그 일에 대한 어머니의 마
음은 어떠신지요?) 놀랐죠, 뭐…… (상: 뭐 때문에 그렇게 놀
라셨나요?) 게임을 안 한 것도 신기했지만요, 늦잠을 자고 일
어나서 뭐를 하기나 할까 싶었어요. 그래도 지난번에 한 달에
두세 번 정도 집 뒷산 둘레길을 같이 가 보기로 했으니까 혹
시나 하고 가자고 말을 꺼내 봤더니 선뜻 따라 나서더라고요.
또 밖에 나가서 친구들과 어울려 놀기도 하고…… 참 오래간
만에 우찬이가 컴퓨터 게임 안 하고 지내는 모습을 봤네요.

상3: 그래서 놀라셨군요? (모: 네.) 평상시 게임만 하던 아이가 그
날은 완전히 어머니의 생각과 다르게 예상치도 않았던 행동
을 하니까 어머니께서 꽤나 감동받으신 것 같아요. 제가 제대
로 이해한 것 맞나요? (모: 네, 맞아요.) 그럼 어머니, 우찬이
의 얼굴을 보면서 "엄마는 마음속으로 네가 이번에 하기로 했
던 약속을 이전처럼 지키기 어려울 거라고 생각했는데, 네가
그 약속을 다 지켜 줘서 엄청 감동받았어."라고 말해 주실 수

있나요? 어머니, 제가 지금 한 말을 참고해서 어머니 말로 우찬이한테 그 감동을 자연스럽게 표현해 보세요.

대체적으로 상담의 중기단계 초반부까지는 합의목표의 달성도가 평균적으로 그렇게 높지 않다. 내담자가 합의목표를 달성하는 것이 들쭉날쭉하기 때문이다. 임상목표의 맥락에서 보면, 상담자는 이 지점까지는 내담자가 합의목표를 달성하는 데 방해가 되는 내담자의 얽히고설킨 복잡한 마음을 찾아 다독이는 데 많은 시간을 보내야 한다. 이런 과정을 통해 상담자는 합의목표를 세웠음에도 불구하고 내담자가 그 합의목표를 제대로 수행하지 못하도록 방해하는 내담자의 마음을 구체적으로 만날 수 있을 뿐만 아니라 그것을 진심으로 다독여 줄 수 있는 기회를 가질 수 있다. 그 결과, 상담의 중기단계 초반부를 지나 중반부에 접어들 때쯤이면 합의목표와 관련된 내담자의 복잡하게 얽힌 마음들이 많이 정리되어 가고, 그에 따라 합의목표를 중심으로 내담자의 행동 변화가 뚜렷하게 나타나기 시작한다. 상담의 중기단계 초반부에 내담자가 합의목표에서 부정적인 변화(마이너스 변화)를 보일 때 그 관련된 마음을 찾아 도닥여 주었듯이, 상담자는 상담의 중기단계 중반부에서 합의목표의 긍정적인 변화(플러스 변화)가 일어날 때 긍정적인 변화를 이끈 내담자의 그 희미한 마음을 구체화하여 내담자가 분명히 인식할 수 있도록 해 주는 것이 중요하다. 이때 내담자가 긍정적인 변화를 처음 경험하거나 또는 오랜만에 접하는 경우 이를 대수롭지 않게 생각하고 상담자에게 보고하지 않을 수 있으므로 상담자는 내담자를 주의 깊게 살펴봐야 한다. 또한 이렇게 합의목표의 긍정적인 변화가 일어날 때 성질이 급한 내담자는 한두 번 만족스럽게 합의목표를 달성한 것에 흥분하여 상담의 종결을 요구하기도 하는데, 상담자가 오직 합의목표를 달성하는 데만 초점을 두면 내담자의 그런 성급한 요구를 받아들이는 실수를 할 수 있으므로 주의해야 한다.

만약 상담의 중기단계에서도 상담자가 바라는 대로 내담자의 일상생활에서 합의목표의 달성이 자주 일어나지 않는다면, 이는 상담의 초기단계에서처럼 내담자가 일상에서 새로운 도전을 못하게끔 하는 예전의 복잡한 마음(의식적 마음과 무의식적 마음)이 여전히 있기 때문이다. 그러나 사실 상담의 중기단계에 접어들면 내담자는 얽히고설킨 복잡한 마음에서 잠시 벗어나 작더라도 합의목표와 관련된 일상의 변화를 경험한다. 이런 일상에서의 변화가 일어났을 때, 내담자는 이런 변화가 생경하기도 하고 미미하기도 해서 간과할 때가 더 많고 안다고 해도 그것을 자신의 언어로 표현하기 어려워 한다. 상담자 또한 내담자에게 일어난 이런 작은 변화를 대수롭지 않게 여기며 가볍게 다루고 지나가는 잘못을 범하기 쉽다. 이런 과정이 반복되면 내담자가 복잡한 마음에서 잠시 벗어났다가도 다시 원점으로 돌아가 합의목표의 변화가 일어나지 않게 된다. 이렇게 되면 결과적으로 내담자는 건강한 마음으로 '지금 여기의 사건'에 적절한 반응을 하기보다는 살아오면서 겪은 아픔을 통해 내면화된 복잡한 마음에 따라 부적응적 반응을 반복적으로 하게 되고, 복잡하게 얽힌 마음에서 벗어나 순간적으로 생겼던 건강한 마음마저 희미해지고 약해져 다시 문제 경험을 하게 된다.

그래서 필자는 상담의 중기단계에 접어들면 복잡한 마음에서 벗어나 건강한 마음으로 일어나는, 합의목표에 대한 내담자의 긍정적인 변화를 놓치지 않으려고 노력한다. 이런 맥락에서 〈축어록 #11〉의 상3에서의 개입을 통해 내담자와 보호자(어머니)가 가볍게 생각하고 생략하고 지나치려는 그 순간의 마음에 초점을 두었다.

필자는 순간적으로 내담자의 내면에서 두 마음이 힘겨루기를 하는 모습을 떠올렸다. 내담자의 경험 속에서 어머니는 '내담자가 아버지에게 맞을 때마다 모른 척하고 혼자만 피했던 비겁하고 무심한 사람'으로 내면화되어 마이너스 유지요인으로 작동하고 있었다. 그런 어머니에 대해 '그때는 그랬지만 지금은 자신의 새로운 도전을 알아주고 챙겨 주는 괜찮은 사람'으로 초점을 두면, 어머니와 관련된 복잡하게 얽힌 무의식을 중화하고 다시 내면화하여 내담자가 힘들 때마다 다시 용기를 내서 일어서게 하는 플러스 유지요인으로 작동하게끔 바꿀 수 있는 절호의 기회였다. 그래서 먼저 〈축어록 #11〉의 상2(어머니는 아드님의 큰 도전에 대해 어떻게 생각하세요?)에서의 말걸기를 시작으로 마음 한편에서 아들의 변화에 대해 감동받은 것(엄마는 마음속으로 네가 이번에 하기로 했던 약속을 이전처럼 지키기 어려울 거라고 생각했는데, 네가 그 약속을 다 지켜 줘서 엄청 감동받았어.)을 구체화하여 이를 직접 표현해 보도록 함으로써 마이너스 유지요인으로 작동하고 있는 어머니와의 나쁜 경험이 중화되어 플러스 유지요인으로 서서히 바뀌도록 개입을 시도하였다.

어머니는 상담자가 말한 내용을 참고해서 자신의 마음을 표현해 보라고 했을 때 무척 쑥스러워하였다. 그러나 곧 "아들, 고마워. 솔직히 엄마는 네가 해낼 수 있을까 믿지 못했거든. 그런데 잘 하더라. 고맙다, 아들!" 하고 자신의 진심을 표현했다. 이에 내담자도 기대하지 못했던 어머니의 긍정적인 마음 표현에 살짝 당황스러워하면서 한동안 멋쩍은 표정으로 말없이 자신의 감정을 대신 표현하였다.

필자는 주로 주호소문제와 관련된 복잡한 마음이 미미하게 드러났지만 내담자와 보호자가 이를 대수롭지 않게 생각하고 넘어가려 할 때, 희미하게 보이기 시작하는 그 감정을 찾아내 내담자와 보호자가 함께 서로 구체적으로 주고받으면서 실감나게 경험할 수 있도록 한다. 그런데 그 상담 회기에서는 비록 처음 해 보는 거라서 언어적 표현이 미숙하긴 했지만 서로에 대한 감동의 감정이 너무나 선명했기 때문에 그 미세한 감정을 구체화하느라고 시간을 보낼 필요가 없었다. 대신에 내담자가 늦잠을 자고도 어머니와의 약속(한 달에 두세 번 주말에 어머니와 함께 집 뒷산 둘레길을 걷겠다)과 자신과의 약속(친구와 농구를 하겠다)을 지키게 한 요인이 무엇인지, 그런 상황 속에서 어떤 마음이 작동하였는지 탐색했으며, 그 미세한 마음을 앞으로 어떻게 잘 키워 갈 것인지에 초점을 두었다. 이 과정을 어머니와 함께 상담 회기에서 생생하게 다룬 결과, '무심하거나 야단만 쳤던' 어머니와의 에피소드(마이너스 유지요인)가 '다정다감한' 어머니와의 에피소드(플러스 유지요인)로 전환되어 가는 것을 확인할 수 있었다.

필자는 그 상담 회기에서 내담자의 기적 같은 변화를 내담자와 보호자(어머니)와 함께 확인하며 공유하였다. 내담자는 '늦잠을 자고 일어나자마자 약속대로 둘레길을 가자는, 썩 내키지 않고 느닷없는 어머니의 제안'에 반사적으로 짜증이 살짝 올라왔지만 마음을 돌려 "그래요, 가요." 하고 따라나섰고, 둘레길을 걸으며 어색하지 않게 일상의 이야기를 했다. 상담을 받기 직전만 하더라도 '내키지 않는 제안이나 요구를 받을 때' 탐탁지 않아하는 마음을 노골적으로 거칠게 표현했던 내담자는 순간 습관적으로 짜증이 났지만, 습관대로 계속 짜증을 내지 않고 마음을 돌려 다소 퉁명스럽긴 해도 어머니께 가겠다는 대답을 하는 것을 시작으로 일상의 관계들(어머니와의 일상적인 소소한 대화, 친구와의 농구시합)을 한순간 회복하였다.

필자는 그 놀라운 변화에 대한 감동을 내담자 및 어머니와 함께 한참 나눈 후에(〈축어록 #11〉의 상2, 모1, 상3 참조), "그동안 한 번도 해 보지 않은 어려운 일을 어떻게 그렇게 단번에 해낼 수 있었는지 궁금하구나."라는 질문으로 내담자 마음의 세계를 탐색하였다.

황우찬은 처음에 상담자가 한 그 질문의 의미를 정확히 이해하지 못했다. 그래서 필자는 "둘레길에 따라나서고, 둘레길을 걸으면서는 어머니와 이런저런 이야기를 나누었지? (내: 네.) 선생님은 그런 일이 예사로운 일은 아니라고 생각하는데 그게 너한테 흔한 일상이니?"라고 추가적으로 개입하여 그 일이 '일상의 대단한 변화'임을 확인할 수 있었다. 이어서 '대단한 변화'를 일으키는 데 도움이 되었던 요인들을 탐색한 결과, 상황 또는 관계 변인(요즘 어머니가 소리 지르지 않고 여유를 가지고 지켜봐 주고, 오늘도 짜증난 목소리로 말하지 않았다, 요즘 아버지가 술심부름을 전혀 시키지 않는다, 요즘 친구들과 덜 부딪히고, 짝인 애랑 친구가 되었다, 상담자와 약속한 거다)이 밝혀졌다.

필자는 또 다음과 같이 '대단한 변화'를 일으킨 진짜 핵심 요인,

즉 마음의 요인을 탐색하였다. "요즘 우찬이 주변에 좋은 일들이 많이 생기는 것 같구나. 그래도 그런 좋은 일들 때문에 갑자기 '그 대단한 변화'가 단번에 일어났다고 하기엔 설득력이 좀 떨어진단 말이지. 내가 진짜 궁금한 것은 그런 일들이 있을 때마다 우찬이한테 어떤 마음이 생겨났나 하는 거야. 바로 그 마음이 '대단한 변화'를 만들어 낸 것 같거든."

내담자들은 이런 큰 변화가 일어난 것이 주변의 상황이나 관계가 좋아져서, 아니면 그냥 자신의 어떤 특정 행동(선생님이 먼저 화가 났다고 말로 표현해 보라고 해서 그냥 그렇게 했다) 때문이라고 말할 때가 종종 있다. 이런 답이 완전히 틀린 것은 아니지만 그렇다고 맞는 답도 아니다. 상담자는 내담자의 보이지 않는 내적인 마음의 변화(정신역동의 무의식, 대상관계의 내적 표상, Rogers의 조건화된 가치, 인지행동의 핵심신념 또는 비합리적 신념 등의 변화)에 초점을 두고 그것이 어떻게 달라졌는지 구체화해야 한다. 이 과정을 통해 내담자는 자신에게 일어난 변화가 상황과 관계의 변화 또는 특정 행동의 변화 너머에 있는 보이지 않는 마음이 미세하게 바뀐 것의 결과임을 깨닫게 되기 때문이다.

필자가 "내가 진짜 궁금한 것은 그런 일들이 있을 때마다 우찬이한테 어떤 마음이 생겨났나 하는 거야. 바로 그 마음이 '대단한 변화'를 만들어 낸 것 같거든."이라는 질문을 통해 '그 마음'을 확인한 후 내담자의 언어로 그것을 풀어내 보니 다음과 같았다.

"엄마가 늦게 일어난다고 야단을 쳤는데도 기분이 나쁘지 않았어요. 내가 생각해도 너무 잤죠. 엄마의 태도가 조금 못마땅하긴 했지만 그래도 이해가 되고 괜찮았어요." "그래, 이게 난 걸 뭐 어쩌겠어. 누가 뭐라고 해도 괜찮아, 이게 나야." "지난번에 그 친구들과 재미있었는데, 이번에도 재미있을 것 같아. 그리고 난 농구를 친구들과 즐길 만큼 잘 해." "그냥 웃음이 나요." "이제 투덜거리지 않고 뭘 해 보고 싶어요."

이렇게 표현된 내담자 마음의 조각들을 하나로 정리해 보니, 내담자에게서 세상(또는 사람들)과 자신을 옥죄고 있던 얽히고설킨 복잡한 의식적 · 무의식적 마음들이 잠시 사라지고, 자기 자신 또는 타인을 '지금 여기에서 있는 그대로' 허용적으로 수용하는 마음이 있었다.

이어서 필자는 다음과 같이 탐색적 질문을 했다.

"새로운 마음(이해가 되고 괜찮았어요/이게 나야/난 농구를 친구들과 즐길 만큼 잘 해/그냥 웃음이 나요/이제 투덜거리지 않고 뭘 해 보고 싶어요)이 우찬이에게 잠시 왔는데 그 마음을 소홀히 하면 금방 사라지고 말 거야. 그래서 말인데, 순간순간 이전의 복잡하게 얽힌 마음으로 되돌아가게 만드는 상황에서도 이 새로운 마음을 잘 지키고 점점 키워 갔으면 해. 우찬이도 같은 마음이라면 어떻게 하면 그 마음을 점점 더 잘 키워 갈 수 있을지 이야기해 보면 좋겠네."

내담자가 상담자가 건네는 질문의 의미를 이해하고 얼굴에 미소를 지으며 한 대답은 '엄마, 아빠, 학교' 그리고 '다른 사람들'(선생님, 친구 A, 친구 B)이 요즘처럼 자기에게 잘 해 주면 된다는 식이었다. 필자는 또다시 신중하게 마음의 초점을 맞췄다.

상: 요즘 우찬이가 그 사람들에게 무엇을 어떻게 했길래, 그 사람들이 너에게 잘 해 주는 것 같니?

내: (약간 당황해하는 눈빛과 표정으로) 네? (순간 천장을 바라보며 침묵함)

상: 뭘까? 네가 이전과 달리 무엇을 하니까 너를 항상 차갑게 대하던 사람들이 부드럽게 대하겠지? 우찬이가 뭘 어떻게 했을까?

상담을 해 보면 내담자들은 대부분 중기단계 이후에 좋아진 모습을 수시로 보이지만, 그 변화를 스스로 대수롭지 않게 여기고 상담 회기에서 보고하지 않을 때가 많다. 이럴 때 상담자가 내담자의 이전 모습과 비교해 나아진 모습의 의미 있는 변화에 초점을 맞추고 이를 구체화해 증명해 보이면, 내담자는 그때서야 자신의 변화된 모습에 놀라곤 한다.

황우찬 또한 그러했다. 길고 면밀한 상호작용을 통해 그 놀라운 진전을 일으킨 '새로운 마음'(이해가 되고 괜찮았어요/이게 나야/난 농구를 친구들과 즐길 만큼 잘 해/그냥 웃음이 나요/이제 투덜거리지 않고 뭘 해 보고 싶어요)을 찾아내고 반가운 마음에 탐색 수준을 한 단계 높여 보았더니(어떻게 하면 그 마음을 점점 더 잘 키워 갈 수 있을지 이야기해 보면 좋겠네), 내담자는 자신이 통제할 수 없는 영역(엄마, 아빠, 학교 그리고 다른 사람들)을 답으로 내놓았다. 이것은 내담자가 주도적으로 무엇을 하겠다기보다는 타인들(엄마, 아빠, 학교, 선생님, 친구 A, 친구 B)을 통해 우연에 맡기겠다는 태도였다. 필자는 내담자의 대답을 들으면서 '일이 잘 풀리지 않을 때는 상황을 탓하고, 반대로 일이 잘 풀릴 때는 아무 생각이 없거나 우연히 좋아진 것으로 치부하는 만성적 태도로 삶의 에너지를 낭비하고 있는 내담자의 모습'이 오버랩되며 떠올랐다. 상담목표를 합의한 이후 상담자의 반복적인 개입으로 내담자는 일이 마음대로 되지 않을 때 과도하게 열받아 하며 액팅아웃하는 것은 그 문제의 상황 때문이 아니라 그것을 통해 떠올려지는 과거의 유사한 경험에서 쌓이고 풀어지지 않은 채로 묻어 둔 의식적·무의식적 마음 때문이라는 것을 충분히 알고 있었다. 그런데도 내담자는 그 '새로운 마음'을 어떻게 키워 나갈 것인지에 대한 대답으로 내담자가 아무리 노력해도 분명한 한계가 있는 외부 영역(엄마, 아빠, 학교, 선생님, 친구 A, 친구 B)을 거론하였다. 만약 내담자에게 통찰이 없다면, 필자는 "너는 스스로가 창조주처럼 대단한 초능력을 갖고 있다고 생각하나 보구나. '신'만이 엄마, 아빠, 선생님, 친구 같은 다른 사람들의 마음을 움직일 수 있는데, 우찬이가 그것을 하겠다고?"라며 약간의 농담이 섞인 질문으로 분위기를 환기시켰을 것이다. 그러나 우찬이는 중기 이후에 이미 통찰이 많이 이루어졌기 때문에 이런 농담 섞인 질문을 생략하고 바로 "요즘 우찬이가 그 사람들에게 무엇을 어떻게 했길래 그 사람들이 너에게 잘 해 주는 것 같니?"라는 질문으로 벗어난 상담의 초점을 되돌리고 계속 심화된 탐색을 할 수 있었다. 면밀한 탐색과 상호작용을 통해 찾아내고 만들어 낸 답은 바로 '여유 있는 웃음'이었다.

축어록 #12 … **중기단계: '새로 싹 돋은 마음' 다루기**

상1: 바로 그거였구나. 내가 지금까지 이야기 나눈 내용을 정리해 볼 테니까 내가 하는 말을 참고해서 너의 말로 다시 표현해 볼래? [내: 고개를 (끄덕이며) 네.] "난 여유 있는 웃음이 있으

181

면 엄마, 아빠가 잔소리를 해도 그렇게 힘들지 않아요. 선생님한테 억울하게 야단을 맞아도 덜 억울하고, 친구들이 같이 놀아 주지 않아도 그렇게 힘들지 않아요. 나한테 '여유 있는 웃음'이 없어서 힘든 거더라고요."

내1: (머뭇거림) 제가 힘든 게 '여유 있는······ (상: 미소 지음) 웃음'이 없어서 그래요. (상: 다 이어서 다시 한번 해 볼까?) 제가 힘든 것은 다 여유 있는 웃음이 없어서 그래요. (상: 지금 자신의 말로 표현해 보니 어때?) 그냥 그래요. [상: (내담자의 편안한 얼굴 표정을 보며) 편안한 쪽인가?] 네, 마음은 편안해요. (상: 그렇구나. 그럼 좀 더 해 볼까?) (고개를 끄덕임) (상: "난 여유 있는 웃음이 있으면 엄마, 아빠가 잔소리해도 그렇게 힘들지 않아요." 자, 참고해서 네 말로 해 볼래?) 여유 있는 웃음이 있으면 엄마, 아빠가, 주변에서 뭐라고 해도 짜증이 덜 나요. (상: 좋아, 잘 했어! 큰 소리로 한 번 더 해 볼까?) 내가 여유 있는 웃음이 없어서 주변에서 뭐라고 하면 짜증이 났어요. (상: 잘 했어. 소리 높여 말해 보니까 마음이 어때?) 시원해요. 답을 찾은 것 같아요. (상: 그래? 뭔가 답을 찾은 것 같아서 개운하고 시원함이 느껴져?) 네, 선생님.

상담의 중기단계 후반부에 접어들면, 내담자에게 일상생활에서의 갈등과 문제 상황이 거의 유사하게 반복적으로 일어나도 내담자가 이전처럼 그 해당 문제에 완전히 함몰되지 않는 것을 자주 확인할 수 있다. 이는 내담자에게 문제를 해결하기 위한 새로운 방법이 생겨서가 아니라 내담자가 문제를 보는 시각이 넓어져서 그동안 보지 못했던 새로운 통로를 보기 시작했기 때문이다. 필자는 내담자에게 잠시 열린 통로가 다시 닫히지 않기를 바라면서, "다 이어서 다시 한번 해 볼까?" "지금 자신의 말로 표현해 보니 어때?" "편안한 쪽인가?" "그렇구나. 그럼 좀 더 해 볼까?" "'난 여유 있는 웃음이 있으면 엄마, 아빠가 잔소리해도 그렇게 힘들지 않아요.' 자, 참고해서 네 말로 해 볼래?" "좋아, 잘 했어! 큰 소리로 한 번 더 해 볼까?" "잘 했어. 소리 높여 말해 보니까 마음이 어때?" 등과 같이 개입하여 내담자가 구체적으로 새로 열린 통로를 경험하도록 하였다.

이어서 필자는 "특별히 어떤 때, 어떤 상황이 되면 그 '여유 있는 웃음'이 자꾸 생길까?" "그 '여유 있는 웃음'을 유지하고 확대하기 위해서 지금 당장 어떤 노력들을 할 수 있을까?" "선택한 노력들 중 매일 조금씩 무엇을, 어떻게 실행에 옮길 거니?" "실행한 것을 몸에 익혀 습관화될 때까지 누구의 도움을 받을 거니?" 등의 탐색적 질문을 하여 내담자가 필요할 때 그 '여유 있는 웃음'을 반복적으로 에너지원으로 활용할 수 있도록 하였다.

내담자는 상담자와의 긴 상호작용 끝에 다음과 같은 실천적 통찰에 이르렀다.

"내가 좋아하고 하고 싶은 것들(친구들과 함께 농구하기, 그림 그리기, 어머니와 함께 둘레길을 산책하며 이야기하기, 규칙적이고 리듬 있는 생활 유지하기)을 주기적으로 즐기고 누리면 '여유 있는 웃음'을 지속적으로 퍼 올려 관리할 수 있다."

이 중에 '친구와 함께 농구하기'와 '어머니와 함께 둘레길을 산책하며 이야기하기'는 이미 내담자가 실행하고 있고 여유 있는 웃음의 에너지원임을 실감하고 있어서 굳이 구체적인 실행 방안을 짤 필요가 없었다. '그림 그리기'는 비록 낙서 수준일지라도 그림을 그리면 장래의 꿈과 연결되어 뭔가 하고 있다는 느낌이 들어 여유 있는 웃음의 큰 에너지원이 되는 것을 확인하였다. 그래서 차후 회기에서 어머니와의 협의과정을 거쳐 구체적으로 청소년단체에서 운영하는 그림 그리기 프로그램에 등록하는 것으로 실행하였다. '규칙적이고 리듬 있는 생활 유지하기'는 내담자가 여유 있는 웃음의 에너지원으로 인정하고 또 많은 시간을 들여 충분히 다루었지만, 늦게 자고 아침에 겨우 일어나는 패턴이 습관화되어 현실적으로 변화를 시도하는 데 다소 저항을 보였다.

필자는 상담과정에서 '이런 종류의 저항'을 만나면 반갑다. 내담자가 그동안 할 이야기가 많았는데 그것을 말로 풀어내기가 어려워서 신체적 언어로 풀어내려는 것 같고, 앞으로 조금씩 토로할 수 있도록 도와달라는 표현으로 보이기 때문이다. 그래서 필자는 내담자가 이런 종류의 저항을 보일 때 마음속으로 미소를 지으며 '그래, 천천히 해도 돼.' 하는 표정으로 응대한다.

내담자의 저항에 일차적으로 개입을 한 결과, "어차피 아침에 제시간에 일어나겠다는 약속을 해도 지키지 못할 게 뻔하다. 괜히 약속을 했다가 지키지 못하면 또다시 나 자신에게 실망할 거고, 그런 모습을 '요즘 그래도 좋게 보아 주기 시작한' 상담자와 어머니한테 보여 주고 싶지 않다."는 마음이 드러났다. 추가적인 탐색을 통해 '규칙적이고 리듬 있는 생활 유지하기'가 여유 있는 웃음의 에너지원이라는 것은 인정하지만 이를 시도하지 않으려는 것은 내담자가 게을러서 못하는 단순한 이슈가 아니라 '늦게 자고 늦게 일어나는 것이 습관이 되어서 약속을 했다가 못 지키면 못나고 나약한 자기 모습에 다시 실망할 자신과 지지자의 모습에 미리 겁이 나 숨으려는 마음'임을 알 수 있었다.

필자는 내담자의 그러한 마음에 초점을 두고 다음과 같이 다루었다.

상: 지금 기분은 어때?

내: (잠시 머뭇거리더니 옅은 미소를 띠며) 그냥 담담해요.

상: 좀 길게 이야기하면?

내: 이전에도 자주 그랬던 것 같아요…….

상: 음…… 특히 어릴 때 여러 번 만났던 마음이라, 이번에도 '아하, 그래서 그렇구나.' 하는 마음이 금방 드는 거야?

내: (고개를 끄덕거림)

상: 내 말을 참고해서 다시 한번 말해 볼래? (내: 고개를 끄덕거림) "나는 '규칙적이고 리듬 있는 생활을 유지'하고 싶은 마음이 있지만 해내지 못할 것이 너무 뻔해서 그때마다 실망스러운 내 모습을 마주하고 싶지도 않고, 또 요즘 바뀐 내 모습을 좋아해 주기 시작한 엄마한테는 특히 보여 주고 싶지 않다."

사실 내담자는 '규칙적이고 리듬 있는 생활 유지하기'라는 분명한 이슈를 다룰 때 묘하게 긴 머뭇거림을 보였다. 이것은 단순히 규칙적이고 리듬 있는 생활을 실행하느냐 하지 않느냐의 문제가 아니라 그동안 복잡하게 얽힌 마음과 관련이 있음을 나타내는 단서였다. 필자가 이에 초점을 맞춰 탐색한 결과, 내담자는 '묻어 두었던 마음'(제대로 해내지 못할 것이 뻔한 일로 매번 실망스러운 내 모습을 마주하고 싶지도 않고, 또 요즘 바뀐 내 모습을 이제 막 좋아해 주기 시작한 엄마한테 그런 모습을 보여 주고 싶지도 않다. 그러면 엄마에게 또 사랑을 받지 못할까 봐 두렵다)을 서서히 마주 보기 시작하였다. 이어 필자가 "혹시 '묻어 둔 마음'과 관련해서 떠오르는 지난 기억이 있니?"라고 탐색적 질문을 하자, 내담자는 '친구들에게 약한 모습을 보여 한동안 굴욕스러웠던 일들'과 '아버지의 야단을 피하려고 엄마 등 뒤에 숨었다가 되레 엄마한테 혼난 일'을 떠올렸다. 내담자는 이렇게 한 걸음 한 걸음씩 그 당시 겁나고 두려워서 깊이 묻어 두었던 움츠러든 마음과 마주하며, 필자와 함께 그때 그 당시 아픔과 두려움을 한동안 다루었다. 그 후에야 비로소 내담자는 필자의 권고를 받아들여 '밤 11시, 늦어도 12시에 잠자리에 들고, 아침엔 제시간에 일어나며, 당분간 낮잠이 쏟아질 때는 일어나서 밖으로 나가기'를 실행하기로 하였다.

필자는 내담자가 생활 속에서 해당 실행 방안을 잘 실천할 수 있도록 도왔으며, 무엇보다도 내담자가 깊이 묻어 두어 훨씬 더 위협적으로 느껴졌던 그 두려운 마음이 실제로는 그렇지 않다는 것을 느끼도록 하였고, 비록 실망스러운 모습을 보일지라도 실망에 방점을 두는 것이 아니라 사랑을 받지 못할까 두려운 마음에도 불구하고 다시 일어나 시도하려는 '내담자의 용기'에 방점을 두고 북돋우웠다. 중기단계의 상담 회기에서 이런 도닥거림이 충실히 수행된 결과, '규칙적이고 리듬 있는 생활 유지하기'는 점점 생활 속에서 실행되기 시작했다. 상담 회기 때마다 필자는 '규칙적이고 리듬 있는 생활 유지하기'를 중심에 놓고 어느 정도나 실행하고 있는지 점검하였고, 내담자가 더 잘 할 수 있도록 격려를 아끼지 않았다.

그러나 사실 이는 표면적으로 보이는 점검이었고, 필자는 이를 통해 잘 실행될 때는 '두려운 마음'에서 벗어나 새로운 시도를 하도록 한 '그 마음'에 초점을 두고 이를 계속 잘 수행하여 습관이 되도록 하고, 뜻과 달리 잘 실행되지 않을 경우에는 관련 마음(제대로 해내지 못할 것이 뻔한 일로 매번 실망스러운 내 모습을 마주하고 싶지도 않고, 또 요즘 바뀐 내 모습을 이제 막 좋아해 주기 시작한 엄마한테 그런 모습을 보여 주고 싶지 않다. 그러면 엄마에게 또 사랑을 받지 못할까 봐 두렵다)을 다루어 그 '두려운 마음'에서 자유로워져서 약속한 실행 방안을 다시 잘 실천할 수 있도록 개입하였다.

09 종결단계: '새로 싹 돋은 마음' 혼자 다루기

　황우찬 내담자는 상담의 종결단계에 접어들면서 합의목표는 주말을 제외하고는 11점 만점에 평균 10점 이상을 받을 정도로 합의한 약속을 거의 다 수행하였다. 단, 토요일과 일요일에는 1~2번 정도 필자와 약속한 시간보다 한두 시간 정도 게임을 더 했으나 전체적으로 통제감을 잃지는 않았다. 또 내담자의 임상목표(증상 또는 호소문제와 관련되어 깊이 묻어 두었던 '얽히고설킨 복잡한 마음')를 매 회기마다 세밀히 다룬 결과, 종결단계에서 부수적으로 다음과 같은 반가운 변화가 일상에서 일어나기 시작했다.

　'주변 사람들과의 관계도 긍정적으로 변하여 이전에는 볼 수 없었던 나의 좋은 모습을 자주 본다.' '불편한 관계에 있는 사람들에게 나의 생각을 말로 표현해도 안전함을 경험한다.' '어쩔 수 없는 불편한 관계를 견딜 수 있는 내적 힘이 생겼다.' '학교 적응이 힘들다고 상담자에게 솔직하게 이야기한 것처럼 친구나 엄마한테도 솔직하게 표현하며 편안함을 느낀다.' '엄마와 많이 편해졌고, 동생과의 관계도 더욱 좋아지고 있다.'

　이쯤 되자 내담자는 "이제 혼자서도 잘 해낼 수 있어요. 모두 선생님 덕분입니다."라는 가벼운 인사를 하면서 먼저 상담을 그만해도 되겠다는 신호를 보냈다. 필자는 "'이제 혼자서도 잘 해낼 수 있어요.'라는 우찬이 말이 무척 마음에 들고 반갑다! 사실 선생님도 우찬이의 예전 모습으로는 짐작할 수도 없는 일들이 요즘 일상생활에서 기적처럼 자주 일어나고 있어서 도대체 어떻게 된 일인지 궁금했거든."이라는 말을 시작으로 〈축어록 #13〉과 같이 표면적인 변화(주변 사람들과의 관계도 긍정적으로 변하여 이전에는 볼 수 없었던 나의 좋은 모습을 자주 본다/불편한 관계에 있는 사람들에게 나의 생각을 말로 표현해도 안전함을 경험한다/어쩔 수 없는 불편한 관계를 견딜 수 있는 내적 힘이 생겼다/학교 적응이 힘들다고 상담자에게 솔직하게 이야기한 것처럼 친구나 엄마한테도 솔직하게 표현하며 편안함을 느낀다/엄마와 많이 편해졌고, 동생과의 관계도 더욱 좋아지고 있다) 뒤에 단단히 자리 잡아 가고 있는 '새로 싹 돋은 마음'에 초점을 두었다.

축어록 #13 ··· **종결단계: '새로 싹 돋은 마음' 혼자 다루기**

상1: 속내를 잘 드러내지 않던 우찬이가 언젠가부터 말도 편하게 하고, 학교 친구들과 엄마는 물론이고 그 어려웠던 아빠랑 동생과도 사이가 점점 좋아지고 있잖아. 맞지? (내: 네.) 요즘 매일 기적 같은 일들이 일어나고 있네. (내: 고개를 끄덕임) 이렇게 달라진 네 모습을 보면 기분이 어때? [내: (미소를 띠며) 좋아요.] 그래, 참 좋을 것 같아. '내가 이렇게 어렵게 꼬인 것들을 하나씩 풀어내네.' 하는 뿌듯함도 있을 것 같고. 그래? (내: 네, 그래요.) 그렇구나. (내: 고개를 끄덕거림) 그래, 이제 우리가 함께 우찬이의 마음을 돌아볼 때가 된 것 같아. 이것이 잘 정리되면, 약속대로 우찬이는 '이제 혼자서도 잘 해낼 수 있어!'라는 의미로, 선생님은 '이제 우찬이가 혼자서도 잘 할 거야!'라는 의미로 우리의 상담을 종결하는 것으로 하자.
(내: 고개를 끄덕거림) 엄청난 변화를 매일 만들어 내는 '우찬
이의 그 마음'은 무얼까?

내1: 음…… 할 수 있다? (상: 또?) 음, 괜찮다? (상: 또 다른 것은?)
좋다?

상2: 그것이 뭔지 전에도 찾아서 표현해 봤지만, 매번 하기는 쉽지
않지? (내: 네.) 이번에 우리 함께 '그 마음'을 잘 정리해 보고,
우찬이 혼자서도 '그 마음'이 생길 때마다 반갑게 안으로 받아
들여서 다시는 '그 마음'이 멀리 떠나지 않도록 늘 잘 지녔으
면 좋겠어.

초기단계에서 주호소문제와 관련된 '속에 묻어 두었던 복잡하게
얽힌 마음'의 가닥을 정밀하게 탐색하고 풀어내는 과정을 충실히
밟으면, 중기단계에서는 내담자를 힘들게 했던 '그 미세한' 무의식
의 마음이 어느덧 조금씩 풀어져 합의목표의 긍정적인 변화가 일
어나기 시작한다. 이때 상담자는 합의목표의 변화가 플러스 방향
으로 일어나면 이런 표면적인 변화를 반기며 그 변화를 일으킨 '이
제 막 싹이 새로 돋아난, 잘 보이지 않는 마음'을 구체화하여 내담
자가 이 마음을 더욱 잘 키워 갈 수 있도록 하는 데 많은 시간을 할
애한다. 반면, 합의목표의 변화가 그대로 유지되거나(제로 변화) 심
지어 마이너스 방향으로 일어나면, 그것은 내담자가 '속에 묻어 두
었던 복잡하게 얽힌 마음'에 다시 사로잡혔음을 의미하므로 주호
소문제와 관련된 '복잡하게 얽힌 마음'을 다시 한번 정밀하고 섬세
하게 탐색하고 도닥이는 기회를 가져야 한다. 상담자들이 상담의

종결단계에 이르면 내담자의 변화에 고무되어 성급하게 상담을 종결하는 경우가 있는데, 종결단계에서는 합의목표의 긍정적인 변화가 잘 유지되고 있는 것에 감격은 하되 최소 2, 3회에 걸쳐 앞으로 내담자가 그동안 '새로 싹 돋은 마음'을 혼자서도 잘 유지하고 관리할 수 있도록 하는 데 초점을 두어야 한다.

필자가 상담 종결을 앞두고 내담자와 함께 '새로 싹 돋은 마음'을 내담자 혼자서 관리할 수 있는 여러 방법을 탐색한 결과, 내담자가 그림 그리기를 좋아하는 특성을 살려 '새로 돋은 마음의 순간 스케치'를 간단하게 마인드맵으로 수행하기로 했다. 이 방법은 〈축어록 #13〉의 상2에서의 개입에 이어서 탐구되었는데, 앞선 회기에서 상의했던 노력들(친구들과 함께 농구하기, 그림 그리기, 어머니와 함께 둘레길 산책하며 이야기하기, 규칙적이고 리듬 있는 생활 유지하기)을 통해 일상에서 돋아난 '새로운 마음'을 순간순간 놓치지 않고 모아서 지속적으로 키우기 위한 나름의 방법이 되었다. 내담자는 이 방법으로 '새로 싹 돋은 마음'(내가 드디어 해냈다/짜릿하다. 정말 대단하다/좋아, 잘 했어. 그 정도면 괜찮아/당장 할 수 있는 만큼만 하자/견딜 수 있어. 조금만 더 기다려 보자/이번 실패로 내가 뭐가 부족한지 알았어. 그 부족한 것을 보완해서 다시 해 보자)을 순간순간 스케치하여 정리하였고, 그것을 앞으로 어떤 상황과 장면에 사용할 것인지 구체적으로 생각해 볼 수 있도록 하였다. 또한 상담 종결과정에서 어머니를 상담 회기에 초대하여 '새로 돋은 마음의 순간 스케치' 노하우를 그간의 상담을 통해 변화된 모습과 연결하여 전수하였고, 상담의 종결 이후에도 두 사람의 관계와 일상생활에서 지속적으로 실천되는 것을 확인하였다.

부록 사례개념화 양식

부적응적 패턴: _____

호소문제

호소 내용	• • •
주요 증상 (비언어적 행동 특징)	• 가시적(Physical): • 정서적(Emotional): • 기능적(Functional): • 직감적인 느낌(Gut Feeling):

유발요인	임상목표:
• • •	협의목표:

단계별 주요 상담개입

유지요인		단계	개입	비고
플러스	마이너스	초기 단계		
• • •	• • •	중기 단계		
		종결 단계		

촉발요인
• • •

| 참고문헌 |

이명우(2004). 상담사례개념화 교육 프로그램 개발 연구. 연세대학교 대학원 박사학위논문.

이명우(2017). 효과적인 상담을 위한 사례개념화의 실제: 통합적 사례개념화 모형(ICCM-X). 서울: 학지사.

이명우, 박정민, 이문희, 임영선(2005). 사례개념화 교육을 위한 상담전문가의 경험적 지식 탐색 연구. 한국심리학회지: 상담 및 심리치료, 17(2), 277-296.

이명우 역(2015). 상담실무자를 위한 사례개념화 이해와 실제(*Case conceptualization: Mastering this competency with ease and confidence*). Sperry, L., & Sperry, J. 공저. 서울: 학지사. (원저는 2012년에 출간).

Goldfried, M. R. (1991). Transtheoretical ingredients in therapeutic change. In R. C. Curtis & G. Stricke (Eds.), *How people change* (pp. 29-37). New York: Plenum Press.

| 찾아보기 |

저자 소개

이명우(Lee, Myung Woo)

한국청소년상담원(현 한국청소년상담복지개발원)의 교수를 역임하였다. 현재는 평택대학교 상담대학원 교수로 재직 중이며, 상담 관련 학회에서 활발히 활동하고 있다.
상담현장에서 어려운 상담사례를 접하면서 사례개념화의 필요성을 절감하였고, 1997년부터 사례개념화 중심의 개인상담사례연구집단을 운영해 왔다. 이 경험의 일부를 토대로 2004년 연세대학교에서 '상담사례개념화 교육 프로그램 개발 연구'를 수행하여 박사학위를 받았다. 사례개념화 중심의 상담실무와 상담슈퍼비전, 상담연구를 병행하면서 체득한 사례개념화에 대한 전문적 지식과 지혜를 상담현장에서 어려운 사례로 힘들어하는 상담자들과 공유하는 데 많은 노력을 기울이고 있다.

저자의 사례개념화 관련 교육내용에 관심이 있으신 분은
QR코드로 접속하여 메모를 남겨 주세요.

저자와의 온라인 실시간 만남 안내

6월과 12월의 둘째 주 월요일 20~22시에
Zoom 등으로 '원격 대면 저자와의 만남'이 있습니다.
저자와의 온라인 만남을 원하시는 분은
카카오톡 오픈채팅 '한국사례개념연구회_이명우 교수'로
접속하여 참여 의사를 남겨 주세요.

사례개념화와 상담 시리즈 2권

사례개념화 기반 개인상담의 실제

Individual Counseling and Therapy
Based on Case Conceptualization

2020년 6월 30일 1판 1쇄 발행
2022년 11월 25일 1판 3쇄 발행

지은이 • 이 명 우
펴낸이 • 김 진 환
펴낸곳 • (주) **학지사**

04031 서울특별시 마포구 양화로 15길 20 마인드월드빌딩 5층

대표전화 • 02) 330-5114 팩스 • 02) 324-2345

등록번호 • 제313-2006-000265호

홈페이지 • http://www.hakjisa.co.kr
페이스북 • https://www.facebook.com/hakjisabook

ISBN 978-89-997-2124-3 93180

정가 **14,000원**

출판미디어기업 **학지사**

간호보건의학출판 **학지사메디컬** www.hakjisamd.co.kr
심리검사연구소 **인싸이트** www.inpsyt.co.kr
학술논문서비스 **뉴논문** www.newnonmun.com
원격교육연수원 **카운피아** www.counpia.com